英語の冠詞
その使い方の原理を探る

開拓社
言語・文化選書
12

英語の冠詞
その使い方の原理を探る

樋口昌幸 著

開拓社

はしがき

　本書は，英語の冠詞の使い方に関する，日本人による日本人のための説明書です。日本人が日本語を正しく使えてもなぜそのように言うのかをうまく説明できないことがあるように，英語の母語話者も，特に，冠詞の使い方に関しては，外国人に理解できるようには説明できていません。ネイティブスピーカーが書いたものであっても，これを読めば冠詞の使い方をマスターできる，と言える冠詞の説明書はありません。日本人にとっては，日本語をよく知らない英米人による概説よりも，英語の冠詞に苦労しながらその使い方の原理を究明しようと努めている日本人の説明のほうがはるかに有益です。

　本書では，まず，不定冠詞（a/an）の用法を六つの原理に基づいて解説し，続いて定冠詞（the）の用法を「同定可能性」という観点から説明し，最後に，冠詞を含む限定詞の省略について述べます。

　これまで英語を勉強してきて冠詞はむずかしいと思っている人もいるでしょう。本書はそのような人たちが冠詞の用法を理解するための一助になることを目指しています。受験勉強用の説明とは異なる視点から冠詞をとらえることによって，冠詞の使い方が見えてくるように工夫しました。

　冠詞なんて簡単だと思っている人もいるでしょう。そう思っているなら，ぜひ本書を読んで，冠詞の有無による意味の区別を実感してください。

本書を読み終えてさらに冠詞の用法を学びたいという気持ちが湧いてくるならば，拙著『例解 現代英語冠詞事典』（大修館書店）を通読することを勧めます。同書は本書と同じ原理に基づいて説明してありますが，例文の量が数倍も多いので原理をより徹底的に理解できるはずです。

　本書を執筆するにあたって，例文の多くを *New York Times* などの新聞記事から採用しました。内容にも興味をもっていただける例文があれば，本書は当初の目的以上を達成できることになります。

　本書の出版に際して，開拓社の川田賢氏のお世話になりました。広島大学名誉教授の安藤貞雄博士には川田氏に仲介の労をとっていただきました。最後に，妻・樋口かずゑと次女・樋口友乃は本書をわかりやすくするための意見（異見）を述べてくれました。

　2009 年 5 月

樋口　昌幸

目　　次

はしがき　*v*

序　不定冠詞の使い方に関する誤解と本質 …………………… *1*
0. イントロダクション　*1*
　0.1. 誤　解　*1*
　0.2. 本　質　*3*

1　意味がなければ冠詞なし ……………………………………… *7*
1. 原理Ⅰ（意味の非関与）　*7*
　1.1. 固有名詞　*9*
　1.2. 肩書き・称号　*9*
　1.3. 数字・文字　*10*
　1.4. 呼びかけ　*12*
　1.5. 「擬態普通名詞」　*13*

2　姿不定は冠詞なし ……………………………………………… *19*
2. 原理Ⅱ（姿かたちの有無）　*19*
　2.1. 食　材　*20*
　2.2. 素材・構成物　*23*
　2.3. におい・音　*24*
　2.4. ジャンル　*26*
　2.5. タイプ: a slice of lemon　*28*
　2.6. 姿かたちをもたない名詞　*31*

3　「働き」あれば冠詞なし ……………………………………… *43*
3. 原理Ⅲ（働きの有無）　*43*
　3.1. 身分・役割　*44*
　3.2. 手　段　*52*

3.3. 施設名とその目的　　*55*
3.4. 能力・機能　　*57*
3.5. 慣用的表現(1)　　*58*
3.6. 慣用的表現(2)　　*59*

4　範囲が限定されれば冠詞あり　　*61*
4. 原理 IV（限定と非限定）　　*61*
4.1. 空間的限定　　*62*
4.2. 時間的限定　　*64*
4.3. 種　類　　*67*
4.4. 共起する語句による限定　　*68*
4.5. 否定と存在　　*89*

5　個別事例には冠詞あり　　*91*
5. 原理 V（抽象概念と個別事例）　　*91*
5.1. 犯罪名と犯罪行為　　*93*
5.2. 治療法と施術　　*95*
5.3. 病名と症状　　*97*
5.4. その他の個別事例　　*107*

6　複数形にも a/an が付く　　*115*
6. 原理 VI（a/an + 複数形）　　*115*

7　a/an に関するその他の問題　　*121*
7. 本章の目的　　*121*
7.1. タイプ：a cup and saucer　　*121*
7.2. 一見同義表現　　*124*
7.3. 総称用法　　*128*

8　それとわかれば the を付ける　　*133*
8. 定冠詞の選択原理　　*133*
8.1. 文脈内同定　　*134*
8.2. 複数構成物　　*138*

8.3. 状況的同定　*144*
　　8.4. 文化的了解　*150*
　　8.5. 対　立　*154*
　　8.6. 総　称　*157*
　　8.7. the＋固有名詞　*159*
　　8.8. 修飾語句＋人名／地名　*177*
　　8.9. the がなくてもよい場合　*180*

9　限定詞の省略 …………………………………………… *183*
　　9. 本章の目的　*183*
　　9.1. 等位接続詞のあと　*183*
　　9.2. ペ　ア　*185*
　　9.3. 構造的省略　*189*
　　9.4. 付帯的表現　*191*
　　9.5. 省略的文体　*196*

参考文献 ………………………………………………………… *199*

索　引 …………………………………………………………… *203*

序　不定冠詞の使い方に関する誤解と本質

0. イントロダクション

本章では，本書の第1章から第7章までへのイントロダクションとして，まず不定冠詞の使い方に関する誤解を指摘し，次に，英語の冠詞用法を正しく理解するために最初に知っておかなければならない必要事項を述べます。

0.1. 誤　解

英語の不定冠詞の使い方に関する誤解を解くことから始めます。よくある誤解は次のようなものです。

> **誤解1**：　名詞に不定冠詞 a/an が付くかどうかは，名詞が可算名詞 [C] であるか不可算名詞 [U] であるかが標示されている辞書を引けばわかる。

たとえば，『ジーニアス英和辞典』の tomato（トマト）の項目では [C, U] 両方が標示されています。しかし，どういうとき [C] として使われ，どういうとき [U] として使われるかの説明はありません。appointment（約束，予約），chocolate（チョコレー

ト），potato（じゃがいも）などでも同様です。aroma（芳香），clove（チョウジ）など [C] か [U] か標示がない項目もあります。辞書を引くだけでは，どのように [C] と [U] が使い分けられるのかはわかりません。本書のような冠詞に関する解説書を読んで冠詞用法の概略を知っていなければ，立派な辞書も宝の持ち腐れになってしまいます。

誤解 2： 不定冠詞が付くか付かないかは名詞の意味によって決定される。

例えば，lemon（レモン）は多くの場合 a lemon, two / three / four lemons のように数えられる名詞として使われます。しかし，同じ意味であっても，a slice of（一切れの）に続くときは無冠詞で a slice of ϕ lemon（以下，ϕ は無冠詞を表します）となります。a slice of だけでなく，a kind / sort / type of（一種の）のあとでも同様です（例: a kind of computer / a sort of museum / a type of phone）。このように，名詞が冠詞をとるかとらないかは，名詞の意味を考えればわかる，というものではありません。

誤解 3： 不可算名詞には不定冠詞 a / an は付かない。

kindness を例に考えてみます。この語の用法について次のことをご存じの人も多いでしょう――「親切」という意味では不可算名詞であり a / an は付かないが，「親切な行為」というときは可算名詞であり，不定冠詞が付くことがある。そのとおりです。では，「親切」という意味ならいつも無冠詞ですか。次の例を見てください。(1a) でも (1b) でも kindness は「親切」という意味です（訳は「やさしく」としていますが）。

(1) a. They treated us with φ *kindness*.
    (私たちをやさしく扱ってくれた)
  b. But people treat him with *a kindness* that they do not assign each other. （しかし人々は彼をやさしく扱う。お互い同士には分け与えないようなやさしさである）

不可算名詞とされる kindness も，(1b) のように，a / an が必要となることがあります。誤解 2 でも述べたように，名詞の意味を考えるだけでは冠詞が必要かどうかはわかりません。

0.2. 本 質

では，どのようなとき a / an が必要となるのでしょう。そのヒントは先ほどの例 (1) に隠されています。kindness が関係詞節によって修飾されている，ということです。名詞だけの意味を考えるのではなく，「名詞＋修飾語句」[1]（以下，「名詞部」と呼びます）の意味を考えることが大事なのです。言い換えれば，不定冠詞を要求するのは名詞ではなく，名詞部なのです。以上のことから英語の不定冠詞の用法に関する次の本質が得られます。

本質 1： 英語の不定冠詞が付くか付かないかは名詞部の意味によって決定される。

では，不定冠詞が付けられるときの名詞部の意味とはどのようなものでしょう。詳しくは本書全体で述べますが，あらかじめ結

---

1. 修飾語句は，関係詞節のほか，形容詞や分詞節を含みます。名詞部は修飾語句を含まないこともあります。そのときは名詞＝名詞部です。

論を述べるならば，次のように言うことができます。[2]

本質2： 英語の不定冠詞は名詞部が「まとまった姿」を表すときに付けられる。

「まとまった姿」とは，物体の姿かたちを指すこともあります。たとえば，もぎたての tomato はまとまった形をしているので (単数ならば) a / an が付きます。しかし，すりつぶしたり薄切りにしたりすれば「まとまった姿」ではなくなるので a / an は不要です（第2章の参考1も参照）。lemon も薄切りにすれば元の姿を失うので a / an は不要です。他方，抽象的な意味の名詞部が「まとまった姿」を表すこともあります。たとえば，kindness はそれだけでは漠然としているので（つまり，だれがだれに対してどのように親切なのか不明なので）無冠詞で用いられます。しかし，関係詞節によって修飾されれば，どのような親切なのか具体的な「まとまった姿」が浮かんでくるので a / an が必要になります。樋口 (2003) では，不定冠詞使用の条件として「完結」(＝それ自体でまとまった形にととのっていること［広辞苑］) ということばを使いました。考え方は同じですが，本書ではよりわかりやすいと思われる「まとまった姿」に言い換えることにします。小倉 (2005: 12) は，可算名詞を「可像名詞」(＝イメージしやすい名詞)，不可算名詞を「不可像名詞」(＝イメージしにくい名詞) と呼んでいます。これも本書と同じ考えだと思われます。

誤解がないように補足します。名詞部が修飾語句を含んでいれ

---

2. 不定冠詞の選択には，名詞部の意味のほか，動詞や文体も関与します (☞ §4.4.3.3; §9)。

ば必ず a / an が必要であるというわけではありません。決め手となるのは、名詞部が「まとまった姿」を表すかどうかです。たとえば、great という形容詞が付いていても、with φ great kindness（とてもやさしく）は、どのようなやさしさなのか、その姿をイメージしにくいので a / an は不要です。

　以下、第 1 章から第 6 章まで不定冠詞の使用原理について概説し、第 7 章ではそれらの原理以外の、不定冠詞の用法に関する注意事項を述べます。

1 意味がなければ冠詞なし

1. 原理 I（意味の非関与）

先に（§0.1）「英語の不定冠詞が付くか付かないかは名詞部の意味によって決定される」（本質1）と述べました。このことから次の原理が得られます：「**英語の名詞部は，意味が関与しないときは不定冠詞をとらない。**」

原理 I

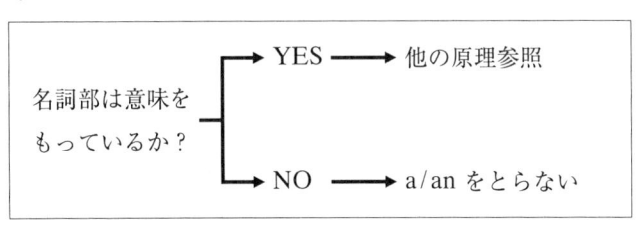

```
                    ┌─→ YES ──→ 他の原理参照
名詞部は意味を ─────┤
もっているか？      └─→ NO  ──→ a/an をとらない
```

具体的に言えば，次のような語句を含むとき，名詞部は意味と直接にはかかわりがないために，[1] 無冠詞で用いられます。

---

 1. 固有名詞に意味がないというのではなく，固有名詞は，意味を考えなくても，どれ（だれ，どこ）を指しているかわかる，ということです（p.8の図2参照）。

a) 固有名詞 d) 呼びかけ
b) 肩書き・称号 e) 「擬態普通名詞」
c) 数字・文字・記号

　なぜ固有名詞は意味と直接的関係がないかというと，固有名詞は「符丁」(tag) にすぎないからです。いま，新生児に名前をつけると仮定してください。親は子どもが偉くなりそうな意味をもつ名前や画数のよい名前などを考えるでしょうが，命名者以外はどの新生児にどういう名前がつけられるかを名前の意味に基づいて判断することはできません。同様に，初対面の人々を前にして，顔つきや体つきから，その人がどういう意味の名前であるかを特定することは不可能ですし，名前の意味を考えて名前と人とを結びつけることも不可能です。ヒトであることや東洋人あるいは白人であることは──これらの語は意味と結びついているので──わかりますが，固有名詞まではわかりません。これらの例が示すように，普通名詞は，図1のように，意味を通して事物を指示するのに対して，固有名詞は，図2のように，意味を介さないで，人や場所，商品などを直接的に表しているのです。

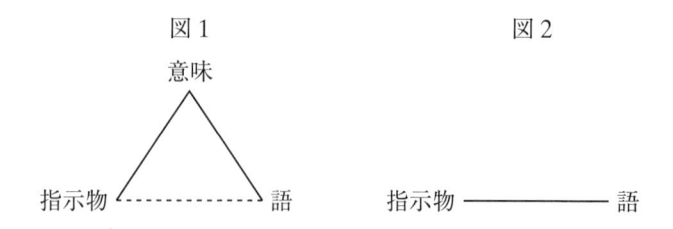

図1　　　　　　　　　　　　図2

　　　　意味

指示物 ←----------→ 語　　　指示物 ──────── 語

以下，本章では意味が関与しない名詞部の例をあげていきます。

1.1. 固有名詞

人名・地名の固有名詞の例は数多くあげる必要はないでしょう。

(1) *Elvis Presley*, *Marilyn Monroe* and *James Dean* are still icons for many young people.
(エルビス・プレスリー，マリリン・モンロー，ジェームス・ディーンはいまだに多くの若者の偶像だ)

(2) *Caroline* knows every inch of *London*.
(キャロラインはロンドンを知りつくしている)

(3) The Saint Patrick's Day marchers paraded up *Fifth Avenue*, past the cathedral. (聖パトリックの日の行進者たちは五番街をパレードして，寺院を通り過ぎていった) [固有名詞なので序数詞 (Fifth) の前に the なし; ☞ §8.7.1.6]

1.2. 肩書き・称号

肩書きや称号も冠詞をとりません。固有名詞の一部になっているからです。

(4) Was *King Arthur* a real or a legendary character?
(アーサー王は実在したかそれとも伝説上の人物だったのか)

(5) *Queen Victoria* died at the turn of the century.
(ビクトリア女王は世紀の変わり目に崩御した)

(6) *Governor Tom Kean* is the convention's keynote speaker. (トム・キーン知事が会議の基調演説者だ)

類例: Doctor Watson; fictional detective Sherlock

Holmes; Mother Theresa; movie star Marilyn Monroe; President Kennedy; Uncle Tom

次のような固有名詞の前半部も肩書きや称号に準じているので冠詞は付けられません。

(7) The storms had abated by the time they rounded *Cape Horn*.
(嵐はホーン岬を回るときまでには弱まっていた)

(8) *Mt Fuji* is the highest mountain in Japan.
(富士山は日本でいちばん高い山だ)

(9) *Hurricane Hugo* will go down in the record books as the costliest storm ever faced by insurers.
(ハリケーン・ヒューゴは保険会社がかつて直面した最も高額な嵐として記録の本に載るだろう)

類例： Lake Placid; Cyclone Tracy（トレーシー台風（1974年豪に上陸））; Point Barrow（バロウ岬（Alaska 最北端））

1.3. 数字・文字

"名詞＋数字"あるいは"名詞＋文字"の場合も冠詞は不要です。数字や文字は符丁にすぎないからです。[2]

---

2. 数字を含む名詞が製品名であるときは不定冠詞をとります。
   (i) jumbo: a large plane that can carry several hundred passengers, especially *a Boeing 747*（ジャンボ機＝数百人の乗客を運ぶことができる大型飛行機。特に，ボーイング747）

(10) The results are shown in *diagram 2*.
（結果は図2に示してある）

(11) The survey results are tabulated in *section 9* of *Appendix 1*. （調査結果は付録1の9節に図表化してある）

(12) Attention, please! Passengers for *flight KL412* are requested to go to *gate 21* immediately.
（お知らせいたします。KL412便にご搭乗のお客様はただちに21番ゲートにおこしください）

(13) My cabin is on *deck C*. （私の船室はデッキCにある）

　類例： age 44; Chapter 1; page 25; question 12; World War II; Grade B; point A; side A; vitamin C

参考1

　不可算名詞に数字あるいは記号が二つ以上付けられても名詞は単数形のままですが，可算名詞に数字あるいは記号が二つ以上付けられれば名詞は複数形になります。

(i) The new drugs seem to work against both *influenza A* and *B*. （新薬はA型およびB型両方のインフルエンザに効き目があるようだ）

(ii) Children are tested on core subjects at *ages 7*, *11* and *14*. （子どもたちは7歳，11歳，14歳で主要科目のテストを受ける）

文字は，単独で使われるとき，[U]用法も[C]用法もあります。

(14) I got *C* for Biology last year — I hope I'll get *B* this year. （昨年生物はCだった——今年はBをとりたい）

(15) I'm improving! I got *B plus* for last week's composition and *A minus* for this. （成績上昇中だ。先週の作文はBプラスだったが，今週のはAマイナスだ）

(16) He got *a 'C'* in Chemistry and *a 'B'* in English.
(彼は化学では C,英語では B をとった)

(17) The teacher gave me *an A* for my essay.
(先生は作文に A をつけてくれた)

複数： She got straight *As* (= All her marks were *As*) in her end-of-year exams.

(彼女は期末試験で全部 A だった)

冠詞が付くということは，文字がなんらかの意味をもっているということです。成績に関して言えば，(A, B, C の3段階評価ならば) an A, a B, a C は，それぞれ，上位，中位，下位の成績という意味を表します。無冠詞ならば，成績表に書かれた文字をそのまま反復していることになります。次の例では，冠詞が付けばアルファベットの「最初の文字」という意味を表し，冠詞なしならば"A"という形をした文字を表します。

(18) 'Apple' begins with (*an*) *A* / '*A*'.
(Apple は（最初の文字である）A で始まる)

(19) *C* comes after *B* in the alphabet.
(C はアルファベットでは B のあとにくる)〔固有名詞なので冠詞不要〕

1.4. 呼びかけ

呼びかけに用いられる名詞も冠詞をとりません。名詞が，先の図2 (p. 8) のように，目前の指示物と直接的に結びついているためです。つまり，呼びかけの語は普通名詞としての意味がほとんど失われて，二人称代名詞 (you) の代わりに用いられている

のです。

(20) The patient is complaining of pain in the abdomen, *doctor*. （先生，患者さんは腹部の痛みを訴えています）

(21) Hurry up, *driver*!! （運転手さん，急いで）

(22) Happy Birthday, *Mum*. （お母さん，お誕生日おめでとう）

(23) Yes, *officer*, I definitely saw her getting into the car. （はい，お巡りさん，彼女が車に乗り込むのをたしかに見ました）

1.5.「擬態普通名詞」

「擬態普通名詞」とは，普通名詞と同じ形式をしているけれども，冠詞など限定詞なしで用いられる語のことです。「擬態普通名詞」としてよく用いられるのは家族の構成員を表す語です。たとえば，「お母さん」という語は家族内で用いられれば，「1世代上の直系親族の女性」という意味は薄れて，その家族内の母親を指す符丁の役目を果たすようになります。普通名詞が意味を介さないで直接的に指示物を指すのですから，「擬態普通名詞」は固有名詞化しています。無冠詞で大文字で書かれることがあるのはそのためです。固有名詞が，ふつう，修飾語句をとらないのと同様に，「擬態普通名詞」も修飾語句をとりません。

(24) *Dad* will give us hell when he sees that mess.
（あんなに散らかっているのを見たらお父さんは雷を落とすぞ）

(25) *Grandma* and *Grandpa* are celebrating their diamond wedding this year.
（おじいさんとおばあさんは今年ダイヤモンド婚式を迎える）
［ペアを成していることも無冠詞の一因；☞ §9.2］

(26) *Mother* used to tell me I was special.　　　　　　　　　　φ Mother
（お母さんは私は特別だといつも言ってくれていた）

符丁化される普通名詞の多くは、家族の構成員の場合のように、「身近」な名詞です。

(27) He is constantly surrounded by *family*.
（彼はいつも家族に囲まれていた）［彼の家族］

(28) Shortly afterwards he was seen in a bar in *town*.
（彼はその後まもなく町のバーで見つかった）［彼が住んでいる町］

(29) We live off *Main Street*.
（私たちは本通りから離れたところに住んでいる）［住んでいる町の本通り］

(30) I must be the happiest person on *earth*!
（私は地上でいちばん幸せな人間にちがいない）［住んでいる星］[3]

(31) A lot of passengers were sitting up *on deck*.
（多くの乗客がデッキで腰かけていた）［乗船中の船］

---

3. earth が無冠詞で小文字で始められる場合は、いちばん身近な星として扱われています。Earth が冠詞をとらず大文字で表記される場合は、Mercury / Venus / Mars / Jupiter などと同列の惑星として位置づけられていることを表します（強いて訳せば「地星」）。
　(i) *Earth* and Jupiter are just two of the planets that orbit the sun.
（地球と木星は太陽を回る惑星のうちの二つにすぎない）

(32) The captain gave the order to abandon *ship*.
（船長は棄船命令を出した）［同上；ただし，desert / leave の後では，しばしば the など限定詞がつけられます］

英米の「議会」は無冠詞で使われることもあります。自国の議会（国会）は「身近」なので固有名詞化されうるからです。これに対し，外国の国会は「身近」でないので固有名詞化されることはなく，the が必要です。

(33) a. After a long debate, *Congress* approved the proposal.
（長い討論ののち議会は提案を承認した）［米の議会］
 b. *The congress* passed a law to punish drug dealers.
（議会は薬物の売人を罰する法律を通過させた）
(34) a. *Parliament* passed the bill without further amendment. （議会はそれ以上の修正なしに法案を通過させた）［英の議会］
 b. *The parliament* passed all of the pending legislation. （議会は懸案の法案をすべて通過させた）
(35) "He did not even discuss it in *the Diet*," Japan's Parliament. （（小泉純一郎はイラク派遣を）国会（日本の議会）で議論さえしなかった）［日本の国会］
(36) The restaurant draws many politicians because the Spanish Parliament, *the Cortes*, is one block away.
（そのレストランは多くの政治家を引き寄せる。というのもスペインの国会であるコルテスが1ブロック先にあるからだ）［スペインの国会］

専門家にとって専門語は符丁にすぎないので，しばしば無冠詞

で用いられます。以下の例では，φ Marburg virus は専門語として病名を表し，a Marburg virus はそのウイルスの個体としての姿かたちを表し，the Marburg virus は総称用法としてそのウイルスの種全般を指しています。

(37) a. Also, a virus that infected two Germans working with monkeys in 1967 was not Ebola but *Marburg virus*, which causes similar symptoms. （また，1967年にサルの研究をしていた 2 人のドイツ人が感染したウイルスはエボラではなく，マールブルクウイルスだった。これは類似の症状を引きおこすものだ）［専門語；病名］

b. "Nearly every strain is novel," Ryan said. "This virus, while it's *a Marburg virus*, may have very different characteristics."
（ライアンによると，「ほとんどすべての株が新種だ。このウイルスはマールブルクウイルスだが，まったく違った特徴をもっているかもしれない」）［形状］

c. *The Marburg virus* was first detected in 1967.
（マールブルクウイルスは 1967 年に初めて発見された）［総称用法］

最後に，誤用についてひとこと述べておきます。"無冠詞＋地名" のあと airport はしばしば小文字で書かれますが，飛行場は必ずしも「身近」ではないので，文法および表記法の混乱と考えるべきです。たとえば，(38) では，ロンドンにはいくつか飛行場があるので，厳密には a London airport が正用法です。

(38) At *London airport* she boarded a plane to Australia.
（彼女はロンドンの空港でオーストラリア行きの飛行機に搭乗

比較: Seven Iraqis seeking political asylum surrendered to police at *a London airport* today.

(政治亡命を求めていた7人のイラク人は今日ロンドンの空港で警察に投降した)［正用法］

(39) *Shannon Airport* in Ireland was the first European landfall for airplanes flying from N America.

(北米からの飛行機にとってアイルランドのシャノン空港は欧州での最初の着陸地だった)［大文字；完全な固有名詞］

2 姿不定は冠詞なし

2. 原理 II（姿かたちの有無）

すでに本質2との関連で tomato を例に述べたように（§0.2），（単数形の）tomato が「まとまった姿」をしているときには a / an がつけられますが，トマトが一つでも二つ以上でも切りきざまれれば元の形が失われるので不定冠詞は不要です。これは次のように一般化できます：「**英語の名詞部は，指示物の姿かたちが認識されるときは a / an**（あるいは他の限定詞）**をとり，認識されないときは a / an をとらない。**」

原理 II

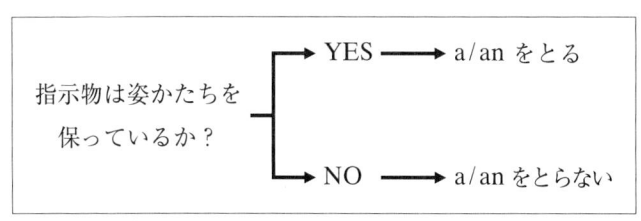

```
                    ┌─→ YES ──→ a/an をとる
指示物は姿かたちを ──┤
   保っているか？    └─→ NO  ──→ a/an をとらない
```

具体的に言えば，単数形の普通名詞であっても，次のような用法の場合には a / an をとりません。

a) 食材　　　　　　　d) ジャンル
b) 素材・構成物　　　 e) タイプ: a slice of lemon
c) におい・音　　　　 f) 姿かたちをもたない名詞

2.1. 食　材

以下，食材としての用法と個体としての用法とを並べて例示します。

(1) a. Mix in the flour, grated *apple* and cinnamon.
    （小麦粉に入れて，おろしリンゴとシナモンを混ぜなさい）

   b. There are about fifty calories in *an apple*.
    （りんご1個には約50カロリーある）

(2) a. Decorate the dessert with sliced *banana*.
    （スライスしたバナナでデザートを飾りなさい）

   b. How much skill does it take to peel *a banana* or scramble an egg?（バナナの皮をむいたり炒り卵を作ったりするのにどれだけ技術がいるだろうか）

(3) a. *Cabbage* can be eaten raw.
    （キャベツは生で食べることができる）

   b. "That's *a cabbage*, man," he said.
    （「それはキャベツだよ，君」と彼は言った）

(4) a. Mix potatoes with *onion*, egg whites, flour, cheese, salt and pepper. （ポテトをタマネギと卵白，小麦粉，チーズ，塩，コショウと混ぜなさい）

   b. Chop *an onion* into pieces.
    （タマネギをみじん切りにしなさい）

類例：　φ shredded carrot（千切りにしたニンジン）; φ desiccated coconut（粉末のココナツ）; φ grated orange（すりおろしたオレンジ）

参考 1

単複両形が可能な場合もあります（例: grated carrot(s)（すりおろしたニンジン）; beaten / scrambled egg(s)（溶き卵／炒り卵））。[1] 小さくきざまれて姿かたちが失われるにもかかわらず複数形をとることもあります。

(i) Finish by sprinkling some chopped *almonds* over the cake.（仕上げにきざみアーモンドをケーキにふりかけなさい）

上のような例文中で複数形が用いられるのは，きざまれたり混ぜられたりしたのは複数個のニンジンや卵であったことをはっきりと示すためです。個別性が失われる以前にさかのぼって数を表しているので，「加工前の複数」と呼んでもよい用法です。

以上，原形としての植物と素材としての植物の例をあげてきました。動物とその肉に関しても同様です。

(5) a. We had fried *chicken* for dinner.
 （ディナーに鶏の唐揚げを食べた）
 b. *A* male *chicken* is called a cock and *a* female *chicken* is called a hen.（オスの鶏はおんどりと呼ばれ，メスの鶏はめんどりと呼ばれる）

---

1. ただし，〈米〉用法では無冠詞の単数用法はまれです。たとえば，a scrambled egg / scrambled eggs とは言いますが，φ scrambled egg とは言いません。OALD[6]（s.v., potato）には次の例があげてあります（7 版では削除）:（BrE) mashed potato,（AmE) mashed potatoes。

| φ chicken | a chicken |

(6) a. We ate *crab* (or) crab meat.
　　　（カニ／カニ肉を食べた）

　　b. *A crab* moves sideways. （カニは横に動く）

(7) a. We usually have *fish* for dinner on Friday.
　　　（金曜日にはたいてい夕食に魚を食べる）

　　b. An expert angler was casting his line and catching *a fish* every time. （ベテランの釣り人は釣り糸を投げ込み、そのたびに魚を釣っていた）

類例： φ grilled salmon （グリルしたサーモン）；φ smoked trout （薫製にしたマス）；φ lamb （子羊の肉）；φ lobster （ロブスター）

次の例文では (a) 文も (b) 文も「食べもの」を表しますが、不定冠詞の有無は意味の違いを反映しています。(b) 文では、肉がまとまった姿を残したままテーブルに上っているのです。

(8) a. Today millions of people eat *roast turkey* on December 25. （今日では何百万人もの人が12月25日にローストターキーを食べる）［通例、スライスされた肉片］

　　b. Traditionally, many North Americans have *a roast turkey* for Thanksgiving dinner.
　　　（伝統的に、北アメリカの多くの人々は感謝祭のごちそうに七面鳥の丸焼きを食べる）［姿かたちを認識可能］

2.2. 素材・構成物

　名詞が「食材」を表すときの無冠詞用法は，より一般化して，名詞部が何かの「素材」を表すときは無冠詞である，と捉えなおすことができます。「素材」はまとまった姿をもっていないからです（本質２）。以下，普通名詞が「素材」を表す例をあげます。

(9) a. The house was built of *brick* and California redwood.
（その家はレンガとアメリカスギとで造られていた）

　b. I blacked out after I was pummeled in the head with *a brick* or rock.
（頭をレンガか石でなぐられて気を失った）

(10) a. The decorative buttons were made of *horn*.
（装飾用ボタンは角(つの)製だった）

　b. They have *a horn* on the forehead.
（彼らは額に角が生えている）

(11) a. The statue was carved out of *stone*.
（その像は石を彫ったものだった）

　b. Whoever throws *a stone* at us, we will throw *a stone* back.
（だれであれ石を投げる者には，石を投げ返す）

　"素材＝無冠詞"という公式を知っていれば，次のような例に出くわしたとき，辞書に [U] 標示がなくても，英語が間違っていると思うことはないでしょう。

(12) We ate roast *impala* and *crocodile* (which tastes like *chicken*).　（焼いたインパラとクロコダイルを食べた（鶏肉

のような味だ))

(13) She has also designed bags in *snakeskin*, *lizard* and *alligator*. (彼女はヘビやトカゲ, ワニ(の革)でもバッグのデザインをした)

(14) For those contemplating their first fur coat, *mink* is often the answer. (初めての毛皮のコートを考えている人には, たいていミンクが答えだ)［素材］

 比較: She tried on *a* dark *mink* that cost about $6,500 in a store. (彼女はある店でおよそ6,500ドルの黒っぽいミンク(のコート)を試着した)［製品］

2.3. におい・音

動植物などを表す名詞がその「におい」を表すときも, 姿かたちは認識されないので, 不定冠詞はつけられません。[2]

(15) With smells of *turkey*, *pumpkin* and apple *pie* still in the air, we began a thorough search for him.
(シチメンチョウやカボチャ, アップルパイの香りがまだ空中に漂っているなか, (飼い猫の)徹底的な捜索をはじめた)

 類例: scents like cucumber or green apple (☞ 第5章 (15b))

「音」に関しても無冠詞で用いられることがあります (sounds of *birds*; noises of *machines* など複数形のほうがふつう)。

---

 2. 複数形も可能。例: smells of *lemons* / *oranges*。

(16) The small storefront church rang with the sounds of *piano* and *tambourine*. (その小さな店頭教会ではピアノやタンバリンの音が鳴り響いていた)

例 (17) ではレモンの「香り」とも「味」とも解釈可能です。というのは，名詞 (部) が「味」を表すときも，(18)，(19) のように，冠詞をとらないことがあるからです。

(17) What's in this drink? It's got a tang of *lemon*.
(この飲み物には何が入っているのか。レモンの香り (味) がする)

(18) I love the taste of *lemon*. (レモンの味が大好きなの)

(19) leek: a vegetable which looks like a white stick with long green leaves on top and which tastes a little like *onion* (ニラ＝白い棒のような形状の植物。先端に緑の長い葉がつき，多少タマネギに似た味がする) (CIDE)

味・においを表すときは可算名詞扱いのこともあります。以下は英英辞典からの例です。これらの例では (taste) like のあとの名詞は具体物として提示されています。

(20) leek: a vegetable which looks like a white stick with long green leaves on top and which tastes and smells like *an onion* (例 (19) の訳参照) (CALD)

(21) fishy: smelling or tasting like *a fish*
(魚っぽい＝魚のようなにおいがする，あるいは味がする) (OALD[7])

比較: fishy: tasting or smelling of *fish* (LDOCE[3])

(22) Chives taste like *onions* and are used to give flavour

to food.（チャイブはタマネギのような味であり，食物に風味を添えるのに用いられる）(OALD[7])

2.4. ジャンル

　文学作品は書籍として出版されれば「まとまった姿」をもつので可算名詞ですが，その作品の「ジャンル」は姿かたちをもたないので不定冠詞は付けられません。たとえば，『リア王』を1行目から最終行までの長さをもつ作品として考えれば a tragedy であり，内容を論じるのであれば φ tragedy です。同様に，metaphor（隠喩法／隠喩表現）など修辞学の用語も，表現手法 [U] と表現自体 [C] とに区別されます。

(23) a. Do you prefer *biography* or fiction?
（伝記が好きですか，それともフィクションですか）

　　b. He wrote *a biography* of Lincoln.
（彼はリンカーンの伝記を書いた）

(24) a. I prefer *comedy* to tragedy.
（悲劇よりも喜劇が好きだ）

　　b. *Much Ado About Nothing* is *a comedy* written by Shakespeare in the late 1500s.（『空騒ぎ』は1500年代後半にシェイクスピアによって書かれた喜劇だ）

(25) a. She studied English and *drama* at college.
（彼女は大学で英語と演劇を専攻した）

　　b. Our theater group is producing *a drama* by Shakespeare.
（演劇グループはシェイクスピアの戯曲作品を演出中だ）

　類例：　euphemism（婉曲語法／婉曲表現）; farce（笑劇類／笑

劇作品); hyperbole（誇張法／誇張表現); legend（伝説文学（というジャンル）／聖人伝); metaphor（隠喩法／隠喩表現); rhyme（脚韻法／脚韻語); romance（恋愛物語類／恋愛物語作品)

参考 2　 ϕ fiction / a novel

類義語ですが，通例，fiction は不定冠詞をとらず，novel は不定冠詞をとります。

(i) They wanted to read *fiction* about their own lives.
(彼ら自身の生活に関するフィクションを読みたがっていた)

(ii) I would like to read *a novel* about the 20th century.
(20 世紀に関する小説を読みたい)

song は可算名詞だと思いこんでいる人もいるでしょうが，（発話や朗読ではなく）「歌」というジャンルを表せば無冠詞で用いられます。[3] 冠詞の有無は，頻度ではなく，名詞部の意味によって決定されることに注意してください。同様な使われ方の語に chorus / opera があります。辞書で調べてみましょう。

(26) a. He is forever breaking into *song* or story in that rich, familiar voice.（彼はあの豊かでなじみのある声でいつも出しぬけに歌ったり話したりしている)

b. They ended the play with *a song*.
(彼らは歌で芝居を締めくくった)

次のような例における相違は「技法と作品」と呼ぶほうが適切ですが，使い分けの原理は「ジャンルと作品」と同じです。

---

3. OALD[7]（s.v., song）の定義: [U] songs in general; music for singing.

(27) a. Major works of *painting*, *sculpture*, *mosaic* and *architecture* were examined in situ in Venice.
(絵画，彫刻，モザイクおよび建築の主要作品はヴェニスの制作地で調査された)

　　b. *A painting* can be sold in a couple of ways.
(絵画の売り方はいくつかある)

　　c. Is such *a sculpture* art, or merely a computer-aided copy? (そのような彫刻は芸術だろうか，それともコンピュータ援用の複製にすぎないだろうか)

　　d. What Mr. Harris gave the couple was *an architecture* that respected both their tastes.
(ハリス氏がその夫婦に贈ったのは2人の好みを尊重する建築物だった)

　類例：　collage (コラージュ技法／コラージュ作品); design (デザイン法／図案); mosaic (モザイク技法／モザイク画); wood carving (木彫り工法／木彫りの彫刻作品)

2.5. タイプ: a slice of lemon

「素材は無冠詞」という観点から，a slice of ϕ lemon, a piece of ϕ cake, a dish of ϕ pudding, a kind/sort/type of ϕ house のような慣用的な無冠詞用法も理解できます。なぜなら，これらの構文中の後ろの名詞は前の名詞の素材（あるいは，構成物）だからです。a slice of ϕ lemon の原義は「レモンから成る一切れ」であり，a piece of ϕ cake は「ケーキから成るひとかけら」，a kind of ϕ house は「家の同類物から成る集合」です (kind: a group with similar characteristics, or a particular type (CIED))。

(28) a. She cut up some bits of old *carpet* for the children's playhouse. (彼女は子どものおもちゃのおうち用に古いカーペットを数切れ切った)

b. We've just had *a* new *carpet* fitted / laid in our bedroom. (新しいカーペットを寝室に敷いたばかりだ)

(29) a. A bungalow is / Bungalows are a type of *house*. (バンガローは一種の家だ)

b. They changed the little cottage into *a* splendid *house*. (彼らは小屋をすばらしい邸宅に変えた)

(30) a. Would you like a slice of *lemon* in your tea? (紅茶にレモンを一切れいかがですか)

b. *A lemon* is an acid fruit. (レモンは酸っぱい果実だ)

類例: a slice of cake; a narrow ribbon of road (細い一筋の道)

(31a) の gown が無冠詞であるのは scraps の「素材」として扱われているためです。これに対し，(31b) の gown はガウン全体を指し「個体」として捉えられているので不定冠詞が必要です。

(31) a. The butterflies shimmer like scraps of ball *gown*. (蝶は舞踏会のドレスの切れ端のようにきらきら輝く)

b. By 10 a.m. the heat, which began as a sheen on the skin, clings to you like *a* wet dressing *gown*. (暑さのため，初めは肌が(汗で)きらきらしていたが，午前10時には濡れたドレッシングガウンが体に張りつくかのよ

うだ)

参考3 NP of NPs

"NP₁ of NP₂" の構文中でも NP₁ が集合体を表し,さらに NP₂ の名詞に個別性が認められるときは複数形をとります (*MEG*, vol. 7, 12.6₁₀ も参照)。

(i) a flock of *birds* (鳥の群); a herd of *goats* (ヤギの群); a pack of *hounds* (一群の猟犬); a string of *pearls* (真珠の首飾り)

素材という考えをもう一歩押し進めれば,a man of φ ability; things of φ value (有能な人／価値のあるもの) のようなパタン中の "of + NP" が冠詞をとらない理由も見えてきます。このパタンでも *of*-phrase は先行する名詞 (man / person など) を構成する素材の役割を果たしているからです。

(32) a. Smith was "a person of *ability* and integrity."
(スミスは「有能にして高潔なる人物」だった)

b. He showed *an ability* to concentrate.
(彼は集中力があることを示した)[不定詞による限定; ☞ §4.4.4]

(33) a. This is an issue of great *importance* to all disabled people.
(これはすべての障害者にとって非常に重要な問題だ)

b. So it had *an importance* that I never knew existed. (だから,それには私が存在すら知らなかった重要性があったのだ)[関係詞節による限定; ☞ §4.4.2]

上にあげた (32), (33) 中の *of*-phrase が補語の位置に現れるときも無冠詞で用いられます。

(32) c. His successor was of great *ability*.
(彼の後継者は非常に有能だった)

(33) c. The distinction is of *importance*.
(その区別は重要だ)

参考 4

同義的でも of 以外の前置詞に後続するときは NP₂ は素材扱いされないので,冠詞が必要です。

(i) The members of the committee described Gates as a man of keen *intellect*. (委員会のメンバーたちはゲイツのことを鋭い知性の男だと言った)

(ii) a woman with *a* keen *intellect* and exceptional qualities of leadership (鋭い知性と類いまれな指導力をそなえた女性)

2.6. 姿かたちをもたない名詞

いくつかの語類は,指示物が無定形であるため(つまり,まとまった姿かたちをもたないため),不定冠詞をとりません。

2.6.1. 物質集合名詞

物質集合名詞[4]が [U] であるのは,その構成物が不定であるため,姿かたちをイメージできないからです。たとえば,furniture (家具) は desk と chair だけを指すこともあるし,bed や table を含むこともあります。以下,物質集合名詞を意味分野ご

---

4. 「物質集合名詞」(material collective noun) とは,物質名詞とも集合名詞ともとれる名詞類を指します。いくつかのものの集合体であり,全体として一定の定まった姿かたちをもたないもののことです。例: furniture (家具), bedding (寝具類), baggage / luggage (荷物), coffee (コーヒー豆)。

とにあげます。

2.6.1.1. 植　物

CIDE および OALD[5] によると，通例，野菜に分類されている asparagus, broccoli, chicory, cress, garlic, okra, parsley, spinach, sugar cane などは [U] です。同様に，ハーブあるいはスパイスに含められる ginger, marjoram, mint, mustard, rosemary, sage, sesame, thyme なども [U] です。文中での用例をあげておきます。

(34) The contents — *cauliflower*, *broccoli*, *celery*, string beans, carrots — certainly looked healthy.
(その内容物―カリフラワー，ブロッコリー，セロリ，サヤマメ，ニンジン―は確かに健康的そうだった)

(35) Add cold takeout rice, chopped onion, *garlic*, *ginger*, peas and two beaten eggs.
(冷ました持ち帰り用ライス，みじん切りにしたタマネギ，ガーリック，ジンジャー，マメ，とき卵二つを加えなさい) [two beaten eggs に関しては，本章の参考 1 参照]

これらの植物が英語で [U] 扱いされるのは，共通の根から発芽して増殖し (Biard (1908) [厨川 (訳) 1957: 13] 参照)，やがては枯れていくので一定の姿かたちをもたないものとして認識されているためです。

上記の asparagus などに対して，cabbage, carrot, cucumber, onion, pepper, potato, pumpkin, radish, turnip などは，個体としては [C] です (「食材」としては §2.1 参照)。これは，これらの野菜は，上記のものに比べ大形なので，その姿かたちが一目

瞭然だからです。(cauliflower のように両用法可能なものもあります。)

植物名以外の名詞も，集合的に用いられれば中身が不定なので，無冠詞で用いられます。このことは訳語からでも容易に推測できます。以下の語群に関して見落としてならないのは，個別的な事物を表すためには [C] 用法の別語が用いられるということです（訳語のあとに例示）。(もっとも, grass / leaf / treasure のように，同一の語が [U, C] 両用法をもつ場合もあります。)

2.6.1.2. 精神活動

balladry（バラッド類；ballad）; epigraphy（碑文；epigraph）; imagery（像；image）; statuary（彫像；statue）; poesy / poetry（詩；poem / sonnet）; cinema（映画；movie）; correspondence（往復文書；letter / card）; e-mail（電子メール）; fiction（フィクション；book / novel）; mail / post（郵便物；letter / card）; pornography（ポルノ；film / magazine / picture）; reading（読み物；book / magazine / newspaper）

2.6.1.3. 創作物・製品

apparel / clothing / gear / garb（衣類；garment）; underclothing / underwear（肌着類；vest / pants）; sportswear（スポーツウェア；swimsuit / sweatpants）; hardware（ハードウェア／武器類；machine; tank / missile / weapon）; software（ソフトウェア；program）; silverware（銀（めっき）食器類；knife / fork / dish）; kitchenware（台所用品；dish / pan）; tableware

(食卓用器具; plate / glass / knife); cutlery (食事用器具類; knife / fork / spoon); jewelry (宝石類; ring / necklace); laundry (洗濯物); linen (リネン類; sheet / tablecloth); machinery (機械類; machine); pottery (陶器類; pot / dish); property (所有物; land / building); stationery (文房具類; pen / pencil / paper); weaponry (兵器類; weapon); baggage / luggage (手荷物; bag / box / case); carpeting (敷物類; carpet); furniture (家具; table / desk / chair / bed); glass / glassware / glasswork (ガラス製品; glass / dish / mug); porcelain (磁器類; cup / plate / ornament)

2.6.1.4. その他

brier (イバラの茂み; bush / rose); fauna (動物群; animal); flora (植物群; plant); fruit (果物類; apple / banana / strawberry); game (獲物; animal / bird); grass (草(類); grass / reed); gravel (砂利; stone); greenery (緑樹; plant / leaf); hair (毛); herbage (草木類; herb / grass / plant); leaf / leafage / foliage (葉; leaf); poultry (家禽; chicken / duck / goose); scenery (風景; scene); seed (種); treasure (財宝; jewel); vegetation (草木; plant); wildlife (野生動物; animal / bird)

2.6.2. 物質名詞の普通名詞化

物質名詞は無冠詞で用いられますが，ほとんど同義のままで不定冠詞をとることもあります。以下にあげる例のうち，普通名詞

としての用法は，まとまった姿をもつ個体として認識されるときです。

(36) a. The loss of *bone* is accelerated by nervous tension. （骨組織の喪失は神経の緊張によって加速される）［骨を構成する成分・組織］

   b. Thorpe broke *a bone* in his right wrist a month ago. （ソープは1か月前に右手首を骨折した）［骨組織から成る「製品」］

(37) a. These exercises build *muscle* and increase stamina. （これらの運動は筋肉をつけ，スタミナを高める）

   b. He said *a muscle* near his shoulder blade felt tight.
   （彼は肩胛骨の近くの筋肉に張りを訴えた）［一部分の筋肉］

(38) a. houses built of *timber*　（木造家屋）

   b. The main beam is *a* very sturdy *timber*.
   （主柱は非常に頑丈な桁だ）

物質名詞の普通名詞化の例としてよく知られているのは glass / iron でしょう。これらは物質名詞と普通名詞とで指示物が明らかに異なるので，冠詞の選択は日本人にも容易です。

(39) a. What he does is make flowers out of *glass*.
   （彼がするのは，ガラスで花を作ることだ）

   b. She poured some milk into *a glass*.
   （彼女はミルクをグラスについだ）

(40) a. A lack of *iron* in some ocean waters prevents plankton from blooming. （いくつかの海域では鉄分の不足によりプランクトンの発生が阻止されている）

b. My mother uses *an iron* to press my cotton shirts.
(母は私の綿のシャツをプレスするのにアイロンを使う)

glass / iron ほど明白ではありませんが，次の (b) 文中の名詞も「製品」を指しているので，不定冠詞（または他の限定詞）をとります。

(41) a. I like wine; he likes *beer*.
(私はワインが好きで，彼はビールが好きだ)
b. She laughed and drank *a beer*.
(彼女は笑ってビールを 1 杯飲んだ) [複数形 (two / three beers) も可]

(42) a. *Coffee* was more in demand than beer or narcotics. (コーヒーのほうがビールや催眠薬よりも需要が多かった)
b. Can I get you *a coffee*?
(コーヒーを 1 杯いれましょうか) [複数形 (two / three coffees) も可]

(43) a. Make your corrections in *pencil*.
(訂正は鉛筆で行うこと) [塗料としての，鉛筆の芯を指す]
b. Sketch your design with *a pencil*.
(デザインを鉛筆で粗描しなさい) [木の軸に芯をはめた筆記用具を指す]

(44) a. Would you like some more pork *pie*?
(ポークパイをもっといかがですか) [分量に重点；物質名詞扱い]
b. He bought *a pie* for lunch.
(彼は昼食用にパイを買った) [まるごとのパイ 1 個]

類例： an aspirin (アスピリン 1 錠)；a cake (ケーキまるごと

一つ); a drink (飲み物1杯); a pizza (ピザ1枚); a hot chocolate (ホットココア1杯); a tomato juice (トマトジュース1杯)

上の諸例が示すように,物質名詞として用いられるのが一般的である名詞が冠詞付きで用いられるとき,その名詞は多くの場合なんらかの姿かたちをもつ「物体」または「製品」を表しています。名詞に物質名詞や普通名詞といった性質がそなわっているというより,指示物の姿かたちが認識不可能または不要なときは [U] 扱いされ,認識されるときは [C] 扱いされると考えるべきです。

次のように,辞書で a / an がかっこに入れられている例では不定冠詞があってもなくても意味は同じだと思われるかもしれません。しかし,実は,「無形の液体」と「容器に入った製品」(または「種類」)という区別が読みとれます(§4.3 も参照)。

(45) (*a*) *fruit cocktail* (フルーツカクテル(1杯))(OALD[5])

(46) (*a*) *face / hand / antiseptic cream*
 (化粧／ハンド／消毒クリーム(1瓶))(CIDE)

(47) I won't have any wine — I'll just have (*a*) *soda water*. (ワインは飲まない。ソーダ水を(1杯)飲もう)(OALD[5])

2.6.3. 抽象名詞

抽象名詞が無冠詞であるのは,物質名詞と同様,まとまった姿をもたないためです。抽象名詞は,抽象概念(＝具体的な経験内容から,ある性質,関係,状態などを抜き出して考える場合の,その性質,関係,状態をさすもの [国語大辞典])を表すので,

姿かたちそのものが存在しません。たとえば，beauty / goodness / knowledge などは，物理的外形はもちろん，意味の範囲にも明確な区切りは設定できません。つまり，抽象名詞が冠詞をとらないのはそれが指す範囲が不定であるためです。この反対に，抽象名詞も関係詞節などにより指示（あるいは意味）範囲が限定されれば，不定冠詞が必要になります（☞ 第 4 章）。

　本節では，以下，不定冠詞をとらない抽象名詞のうち主としてゲーム名と学問名の例をあげます。

2.6.3.1.　ゲーム名

　baseball / basketball などゲーム名が無冠詞で用いられるのは，進行具合が試合ごとに異なるからです。たとえば，野球の試合で先発メンバーが固定されている場合でも，試合ごとに投手の配球は異なるし，打者の打球も異なり，得点経過も異なります。このように，ゲームには一定の姿かたちがないので不定冠詞が付くことはありえません。（ついでながら，同様な理由で traffic（交通）も [U] です。）

(48)　Now it's time to play *basketball*.
　　　（さあ，バスケをする時間だ）

(49)　The children are playing *catch* in the playground.
　　　（子どもたちは運動場でキャッチボールをしている）

(50)　*Hockey*, *volleyball*, *football* and *tennis* are all sports.
　　　（ホッケー，バレーボール，フットボール，テニスはみなスポーツだ）

| φ basketball | a basketball |

参考 5 複数形のゲーム名

ゲーム名には，限定詞なしで，複数形で用いられるものもあります。

(i) Let's play *cards* / *charades*.
(トランプ／シャレードをしよう)

(ii) *Checkers* is easy to learn and fun to play.
(チェッカーは覚えやすいし，遊んで楽しい)［単数一致］

2.6.3.2. 学問名

学問名も不定冠詞をとりません。学問の諸分野は，本来，無限に深化・拡散すべきものだからです。

(51) an interdisciplinary approach of *archeology*, *philology*, *comparative linguistics* and *comparative religion* in the study of the Bible （考古学，文献学，比較言語学，比較宗教学からなる，聖書研究への学際的アプローチ)

(52) Atkinson tutors his teammates in *math*, *physics* and *chemistry*. （アトキンソンは彼のチームメートに数学と物理学，化学を教える)

2.6.3.3. その他の抽象名詞

以下，日本人が間違ってしばしば可算名詞扱いする名詞を取り

あげて，英語ではなぜ不可算扱いなのかという理由を述べます。

2.6.3.3.1. advice

日本語でも「冷や酒と親の意見はあとで効く」というように，advice はその場限りではなく，将来にもわたって有効であるはずです。advice が a / an と相いれないのは，その内容に終わりがないためだと思われます。これに対し，類義語の admonition / exhortation が [C] としても用いられるのは，これらの内容は即物的だからです。

2.6.3.3.2. evidence

evidence は，定義上，証明という目的を達成するための手段です。したがって，何であれ evidence になる可能性があります。それゆえ，この語は一定の姿かたちをもたない抽象概念を表すので，冠詞をとりません。これに対し，類義語の proof は，集合的に用いられるときは [U] であり，「証拠品」という意味のときは [C] です。日本人がしばしば evidence を [C] として誤用するのは，日本語では「証拠」と「証拠品」との区別がはっきりしていないためだと思われます。

2.6.3.3.3. information / news

これらが不可算名詞であることの理由は，一方では axiom / proverb / saying (a / an をとる) と，他方では，hearsay / rumor / word (a / an をとらない)[5] と，対比すれば容易に理解で

---

5. 「a / an をとらない」のは，下の (b) の意味の場合です (OALD[5], s.v.,

きます。axiom などは表現に重点が置かれ，一字一句たりとも変更できません。これとは対照的に，hearsay などは（あやふやな）内容に重点が置かれているので，人から人に伝わるときに語句は変更され，尾ひれが付けられることさえあります。hearsay などと同様に，information / news も同一内容を種々の表現で伝えることが可能なので，決まった表現形式はありません。それゆえ，information / news; hearsay / rumor / word は不可算名詞として扱われます。次はネット上に横行している間違いです。

(53) Then I saw × *a news* that Ribera may miss some games this week.
(その後，リベラが今週数試合に欠場するかもしれないというニュースを見た) (Bon's Fantasy Blog, Sep 07, 2006)

上の例は，Google 検索の結果をみると，*SportingNews*（Missouri 州 St. Louis を拠点にする週刊誌（Wikipedia による））の記事のように見えますが，*SportingNews* 誌にリンクしているだけのようです。Google などで英語の表現例を検索するときには，この種の英語を鵜呑みにしないよう注意が必要です。

2.6.3.3.4. weather

天気は本来地球全体をおおう連続体です。「東京の天気」と

---

rumour)。(a) は「うわさ(話)」，(b) は「風評」（あるいは「不確定情報・無責任情報」）を表します。ちなみに，OALD 第 6 版以降では以下の区別は削除されて，外国人にはわかりにくい説明になっています。

(a) [C] a story that is spread by being talked about but may not be true:

(b) [U] information spread like this:

か「横浜の天気」という言い方は便宜的な区分にすぎません。rainy weather とか snowy weather という場合，雨や雪がどこから始まりどこで終わるかを特定することは不可能です。したがって，weather は形容詞がついてもその範囲を画定できないので不定冠詞をとることはありません。× a (bad / fine) weather という誤用もネット上に蔓延しているので，くれぐれも注意してください。

3 「働き」あれば冠詞なし

3. 原理 III（働きの有無）

　原理 II は「英語の名詞部は，指示物の姿かたちが認識されるときは a / an（あるいは他の限定詞）をとり，認識されないときは a / an をとらない」というものでした。本章では，どんなときに姿かたちが認識されないのかについて詳しく述べます。

　これまでもよく知られているように，目的語補語が身分・役割を表すときや名詞部が手段を表すときは無冠詞で用いられます（例: to elect him ϕ president; to go by ϕ bus）。これらの無冠詞用法は，一般化すれば，次のようにまとめることができます：**「英語の名詞部は，「働き」[1] を表すときは a / an をとらず，「個体」として認識されるときは a / an**（あるいは他の限定詞）**をとる。」**

　1.「働き」には，役割，身分，機能，手段，効力，性質，関係などが含まれます。

原理 III

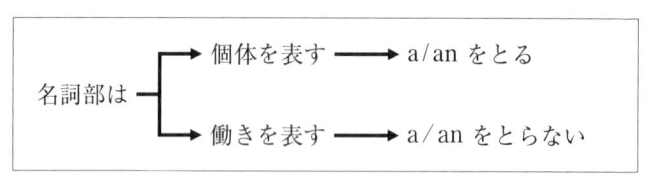

```
               ┌──→ 個体を表す ──→ a/an をとる
    名詞部は ──┤
               └──→ 働きを表す ──→ a/an をとらない
```

具体的には，名詞部が次のような働きを表すとき冠詞は付けられません。（このほか，慣用的表現のときもしばしば無冠詞で用いられます。）

a) 身分・役割
b) 手段
c) 目的
d) 能力・機能

働きアリには冠詞（監視）なし

3.1. 身分・役割

3.1.1. （準）補語

まず，従来の文法書でも扱われている例から始めます。目的語補語の場合，および as / by に後続する場合です。

(1) elect someone *president* / *chairman* / *leader* etc.
（ある人を会長／議長／リーダー等に選ぶ）

(2) Would you like to nominate anyone for/as *director*?
（管理職に指名したい人がいますか）

(3) Teams travel by *bus* and *train*, rarely by *plane*.
（チームはバスや電車で移動し，飛行機で移動することはめっ

たにない)

以上のような例に加え，次のような，いわば，「準補語」の場合も冠詞は不要です（慣用句も参照： ☞ §§3.5-3.6）。

(4) He advanced to *foreman* retiring in 1981.
（彼は職場主任に昇進して1981年に引退した）

(5) Condoleezza Rice was promoted to *secretary of state*. （コンドリーザ・ライスは国務長官に昇格した）

(6) The captain was demoted to *sergeant* for failing to fulfil his duties.
（大尉は職務不履行のため軍曹に降格された）

類例： rise to φ manager（支配人に昇進する）; run for φ governor（知事に立候補する）

ここで注意すべきは，名詞部が（準）補語の位置にある場合でも冠詞をとることがある，ということです。その理由は，名詞部をその「働き」においてとらえるか，「個体」としてとらえるかは，文の意味による場合もあるし（例 (7), (8)），話し手あるいは書き手にゆだねられる場合もあるからです（(9)-(11)）。

(7) a. Prince William is *heir* to the British throne.
（ウイリアム皇太子は英国王室の王位継承者だ）［身分］

b. My wife is *an heir* to some property that her father was *an heir* to before his death.
（妻は，義父が生前相続するはずだった多少の財産の相続人です）［身分を表すのではなく，単なる遺産相続人］

(8) a. Unfortunately many people became *victim* of defamation smears against Islam.

(不幸なことに，多くの人たちがイスラムに対する誹謗中傷の犠牲になった)［負わされた役割］

b. One more critique of Putin became *a victim* of brutal Russian secret services.
(プーチンのもう1人の批判者が残酷なロシア秘密情報機関の犠牲者になった)［複数の犠牲者のうちの1人］

(9) She was made (*a*) *professor* at the age of 40.
(彼女は40歳で教授になった) (OALD[5])

(10) The hijackers kept the pilot as (*a*) *hostage* on board the plane. (ハイジャッカーたちは操縦士を人質として機内に監禁した) (OALD[5])

(11) She was commissioned (as *a*) *lieutenant* in the Women's Army Corps.
(彼女は女性部隊の中尉に任命された) (OALD[5])

3.1.2. job / position / rank

名詞が the job / position / rank of に後続する場合，その名詞が「働き」を表すことはすでに job などにより示されているので，しばしば無冠詞で用いられます。

(12) One day last summer he was talking about the job of *majority leader*. (昨夏のある日，彼は多数党院内総務の役職について話していた)

(13) The dispute erupted openly last week over the position of *minority leader* on the Council. (先週，議会の少数党院内総務の地位をめぐって議論が公然と沸き起こった)

(14) He was soon promoted to the rank of *captain*.
(彼はまもなく大尉の階級に昇進した)

3.1.3. enough / half / part / more

上の小見出しの語が「働き」の程度を表すとき名詞部は冠詞をとりません。たとえば，(15), (16) 中の mouth / nose は enough とともに用いられることにより，口／鼻の外形というよりも話す／嗅ぐという機能を表すので冠詞は不要です。(17) 中の monkey / man は half と共起することにより，それらの特徴を表すので，無冠詞で用いられます。もしも (17) で不定冠詞が付けられれば，半分に切断されたサルあるいはヒトを表すことになります。

(15) 'How are you going on?' said the Cat, as soon as there was *mouth* enough for it to speak with.
(「どうだね？」と猫は，ものが言えるだけの口が現れるとすぐに言った) (Carroll, *Alice's Adventures in Wonderland*)

(16) Surely, Virginians can expect their representatives to have *nose* enough to recognize a questionable situation when they smell it. (確かに，ヴァージニア州民たちは，においをかいで調べるとき不審な情況にちゃんと気付く鼻を議員たちが持ちあわせていることを期待してよい)

(17) but most often it is described as half *monkey*, half *man*. (だが，もっともふつうには，(そのサル男 (monkey-man) は) 半ばサル，半ばヒト，と記述されている)

(18) The shop is part *post office*, part *bank* and part *general store*. (その店は，いくぶん郵便局，いくぶん銀行，いくぶん雑貨屋だ)[2]

---

2. 次のような表記法もあります。
 (i) A scientist has discovered a skull and skeleton of a three year-

more を含む次の例もここに含めることができます。たとえば，(19) の scholar などは「学者らしい傾向」(または性質・特徴) を表しているので無冠詞です。[3]

(19) At heart she's more *scholar* and *policy maker* than *politician*. (心の底では(ライス国務長官は)政治家というよりも学者であり政策立案者だ)

3.1.4. play

「演じる」という意味の play のあとでは「役割」が演じられるのだから，名詞はしばしば無冠詞で用いられます。("play the N" に関しては §8.4.2.1 参照。)

(20) He wants to play *mother*, *father*, *sister* and *brother*, which is not really reality. (彼は母親，父親，姉，兄の役割を演じたがっているが，実際には現実離れしている)

(21) Next year, Matsui is going to play *second base*, and Reyes is going to play *shortstop*.
(来年，松井(稼)はセカンドを守り，レイエスがショートを守る予定だ)[序数詞の前で the が付かないことに注意]

類例: play ϕ cowboy / detective / doctor / lawyer / policeman / soldier / teacher

---

old girl who is thought to be *part-ape*, *part-human*.
(部分的にサル，部分的にヒトと思われる 3 歳の女子の頭と体の骨を科学者が発見した)
3. このパタンでは冠詞が付けられることもあります。
 (i) He is more (*a*) *teacher* than (*a*) *scholar*.
 (彼は学者というより教師だ)

参考 1

1) "play + 無冠詞名詞" のパタンには「人」以外の名詞も現れます。

   (i) Do you want to play *school*? (学校ごっこしたい？)
   類例： play house (ままごとをする)

2) 役割や典型例ではなく，1人の人物に重点がおかれれば，"play a 名詞部" という構造をとります。

   (ii) He played *a doctor* on the daytime soap "The Guiding Light" in his youth.
   (彼は若いころ「導きの光」という昼メロで医者を演じた)

3) 演じられるのが複数であれば，名詞は複数形をとります。

   (iii) As kids, we all played *mothers* and *fathers*, and it did us no harm at all. (子どものころみんなお父さんお母さんごっこをしたが，それが悪影響を与えることはまったくなかった)

3.1.5. 楽器名

play に続く楽器名もしばしば無冠詞で用いられます。これは，このとき楽器名はジャズバンドなどにおけるパート，つまり，「役割」を表すので，原理 III により，冠詞をとらないからです。(以下の例文の多くで in a / the band (または類義語句) が共起しているのがその証拠です；"play the 楽器名" に関しては §8.6.2 参照。) 他方，楽器名が無冠詞で learn / study / teach などの目的語として用いられるときは「演奏法」(☞ §2.4「技法」) を表します。

(22) Mike Lynd, 55, plays *bass*, drums and *guitar* in a six-person band called Space Available.
(マイク・リンド (55歳) はスペース・アベイラブルという6人

のバンドでベースとドラムとギターを演奏している)［ベースほか担当という，バンド内での役割］

(23) Mr. Jenkins played *saxophone* and *clarinet* in the concert band. (ジェンキンズ氏はコンサートバンドでサクソフォンとクラリネットを演奏した)［バンド内でサクソフォンとクラリネットというパートを担当］

(24) He plays *clarinet* with the group in a program that includes music of his own. (彼自身の音楽を含むプログラム中で，そのグループとともにクラリネットを演奏する)［クラリネット担当という，グループ内での役割］

(25) She studied *oboe* and *saxophone* at the Royal Academy of Music.
(彼女は王立音楽院でオーボエとサクソフォンを学んだ)

(26) Bob taught himself *piano* before moving on to *acoustic guitar*. (ボブはピアノを独習し，その後アコースティックギターに移った)

類例： play φ bass / harmonica / mandolin in a band (バンドでベースギター／ハーモニカ／マンドリンを担当する); play φ piano for silent films (無声映画用にピアノを弾く); play φ piano and organ for church choirs (教会の聖歌隊のためにピアノとオルガンを弾く); be scored for φ violin, viola and cello (バイオリン，ビオラおよびチェロ用に作曲されている); study φ piano / violin (ピアノ／バイオリンを習う)

辞書では the がかっこに入っている例もありますが，the がある場合とない場合とは同義ではありません。the の有無は，典型的には，バンドでのパートを表すか否かによって決定されるから

です。

(27) He plays (*the*) *bass* (*guitar*).
（彼はベース（ギター）を弾く）（CIDE）

play the bass	play φ bass (in a band)

3.1.6. turn

「〜になる」という意味の turn のあとの名詞は無冠詞で用いられます。この意味では方針の転換，つまり，「変節」，に重点が置かれているからです。

(28) Many historians have believed Arnold turned *traitor* simply for money. （多くの歴史学者は，アーノルドはただ金銭だけのために裏切り者になったと信じている）

類例： turn φ criminal / informer / opponent
（犯罪者／密告者／反対者になる）

比較： The only option was to become *a traitor* or a collaborator. （唯一の選択は裏切り者になるか協力者になるかだった）［become のあとでは a が必要］

3.2. 手　段

3.2.1. by＋名詞句

先に触れたように (☞ §3.1.1)，by のあとでは名詞句はしばしば無冠詞で用いられます。以下，もう少し詳しく "by＋名詞句" の例をあげておきます。このパタンがもっとも頻繁に用いられるのは「輸送手段」または「移動手段」を表すときであり，「通信手段」がこれに続きます。

3.2.1.1. 輸送・移動手段

以下の (29)–(31) は自転車／バス／トラックによる「輸送手段」を表し，比較の例文はバス／トラックという「個体」を表します。

(29)　He did not own a car and roamed widely by *bicycle*.
　　　（彼は車を持っていなかったので，自転車であちこち乗り回った）

(30)　Traveling by *bus* is easy in the city.
　　　（市内ではバスで移動するのは簡単だ）

　比較：　Some of my best friends have gotten run over by *a bus*.　（親友の何人かがバスにはねられた）

(31)　Larger fish have to be transported *by truck*.
　　　（大きめの魚はトラックで輸送されなければならない）

　比較：　She was knocked down / over by *a truck*.
　　　（彼女はトラックにはねられた）

　類例：　go by ϕ cab / coach / Jeep / ship / train; travel by ϕ donkey / horse

以上の"by＋乗り物名"の用法に関して注意すべきことは，これらの名詞が a / an をとらないのは，名詞がその本来の役目・目的である輸送または移動の手段として用いられるときのみである，ということです。(30)，(31) の比較に見られるように，人を轢(ひ)いたりはねたりすることはバスやトラックの本来の働きではないので，そのようなときは冠詞（または他の限定詞）が必要です。

　輸送方法を表す言い方に関しては，もう一つ注意すべきことがあります。by 以外の前置詞が選ばれれば，a / an など限定詞が要求される，ということです。例: come on *a* bicycle（自転車で来る）; ride in *a* bus（バスに乗る）; be transported in *a* truck（トラックで輸送される）。

3.2.1.2. 通信手段

　乗り物の場合と同様，名詞が「個体」（または，「物体」）としての通信機器そのものを指示するときは冠詞をとり，機器の「働き」を表すときは冠詞をとりません。

(32)　Or send them by *fax*: 202-496-3780.
　　　（あるいはファックスで 202-496-3780 までお送りください）

(33)　John spoke by *phone* yesterday from a New York restaurant about his son's attitude. （ジョンはニューヨークのレストランから電話して息子の態度について話した）

(34)　The event was linked by *satellite* to 17 similar events around the country. （そのイベントは国じゅうの 17 の類似イベントと衛星でリンクされている）

　類例：　communicate by ϕ radio / telephone（無線／電話で

連絡する)

3.2.1.3. その他の手段・方法

輸送や通信以外でも手段・方法を表すときには,名詞部は無冠詞で用いられます。

(35) Viewing is by *appointment* only.
(見物は予約制のみです)
(36) Let's search by *sound*. (音で調べよう)
(37) Burundi has been plagued by *war* between Hutus and Tutsis.
(ブルンジはフツ族とツチ族との戦いに疲弊している)

類例: sell goods by catalogue (商品をカタログ販売する); pay by cheque (小切手で支払う); learn by example (実例で学習する); copy manuscripts by hand (写本を手書きで書き写す); sort mail by machine (郵便物を機械で仕分けする); carry grain by river (川を利用して穀物を運ぶ); take … by storm (大成功をおさめる); by mistake (間違って)

3.2.1.4. by+複数形

"by+名詞句"が名詞本来の働きを表す場合でも,複数の機器が用いられていることを明示するときは,複数形が用いられます。

(38) Information could be delivered by *telephones*, *cell phones*, *pagers* and *computers*. (情報は,電話や携帯電話,ポケベル,コンピュータでも配信可能だ)

(39) The "seismic event" was detected by *sensors* around the world.
(その「地震事象」は世界中のセンサーで感知された)

参考 2 by 以外の前置詞

名詞が「働き」を表せば，by 以外の前置詞のあとでも無冠詞で用いられます。

(i) Reservations for the Robert Louis Stevenson Hotel can be made <u>via</u> *letter* or *telegram* to Brian Orme.
(RLS ホテルへのご予約はブライアン・オーム宛の手紙または電報でおとりいただけます)

類例: depart for the US <u>by means of</u> *ship*
(船で合衆国へと出国する)

3.3. 施設名とその目的

court / church / school / hospital / jail など建造物の無冠詞用法に関しては，公共施設 (institution) が本来の目的で用いられるときは無冠詞であると伝統的に説明されています (松本・松本 (1976: 82), Berry (1993: 43f.))。しかし，これら建造物の場合も「働き」対「建物」(=「個体」) という区別を取り入れるほうが，より一般性の高い説明が可能になります。たとえば，house は公共施設ではありませんが，「居住」あるいは「生活」，つまり，家屋にとっての「働き」，を表すときは無冠詞で用いられ，「建物」を表すときは冠詞をとります。

(40) a. She keeps *house* for her father and brothers.
(彼女は父親と兄弟のために家事を切り盛りしている)

b. In April she moved *house* again.

(彼女は4月にまた転居した)

比較: In June 2000, we moved into a new *house* with a new baby.

(2000年6月，新生児連れで新居に引っ越しした)

以下，施設名が「働き」を表すために無冠詞で用いられる例をもう少しあげておきます。

(41) College statutes forbid drinking on *campus*.
(学則により学内での飲酒は禁止されている)

(42) On Sundays, the family went three times to *chapel*.
(日曜日にはその家族は3度礼拝に行った)

(43) They are in / at *church*. (彼らは礼拝中だ)

(44) The case was settled out of *court*.
(その件は示談で解決された)

(45) Cherie visited him in *hospital* every week.
(シェリーは毎週病院に彼を見舞った)［hospital の無冠詞用法は，主に〈英〉］

類例: take office（就任する）; be dismissed from office（解任される）; open up shop（開業する）; close up shop（閉店する）; be sent to jail / prison（拘置所／刑務所送りになる）; go to kindergarten／school／college／university（幼稚園／学校／大学／大学に行く）

参考3 「場所」と「場」
日本語の「場所」と「場」とは類義語ですが，前者が囲い込まれた空間を表すのに対し，後者は働きを含意します。

(i) 大学は学問の場(×場所)だ。
(ii) 学会は研究の成果を発表する場(×場所)だ。

この区別は，英語の冠詞の用法を判断する際にも，ある程度，有効です。例: a church（礼拝のための建物）／φ church（祈りの場）; a house（生活のための建物）／φ house（生活の場）; a market（販売［売買］する場所）; φ market（交易の場）。

3.4. 能力・機能

上記の諸例以外にも名詞部が能力，機能など広義の「働き」を表すために冠詞をとらない例があります。ここではそのような例をあげます。

(46) Intrum Justitia sailed into *harbor* Thursday under a bright yellow spinnaker.（イントルム・ユスティシア号（ヨット名）は木曜日，鮮やかな黄色の大三角帆を膨らませて入港した）［船が安全に停泊可能な場（つまり，harbor の働き）を表すとき harbor は無冠詞; port も同様; Intrum Justitia が無冠詞である理由に関しては §8.7.1.8 参照］

(47) It rained so hard we took *shelter* in the local movie theater.（雨が激しかったので，地元の映画館に避難した）

(48) Long dismissed as the basest of the five senses, *smell* may be the most powerful.（長いあいだ五感のうちいちばん低いものとして軽んぜられてきたが，嗅覚はもっとも強力なものかもしれない）［能力; touch（触覚）等も同様］

類例: keep / lose face（面子を保つ／失う）; stand guard（見張り(役)をする）; show insight（洞察力を示す）; show unusual perception（異例の認識能力を示す）; have good judgement（すぐれた判断力がある）; lack thought（思考力に欠ける）; get to port（港に着く）;

take root (根を張る); develop speech (言語能力を発達させる); take wing (飛び立つ)

無冠詞で用いられる季節名も「働き」を表していると考えられます。無冠詞の場合は，温かさ，暑さ，寒さ，芽吹き，収穫など季節の特徴を表し，不定冠詞をとる場合は（形容詞を伴うことが多い），種類または期間を表すからです。

(49) In *spring*, *summer* and *fall* (and sometimes in the snow), it's mountain biking, spelunking and horse-back riding. （春夏秋には（ときには雪のなかでも）（戸外の活動は）マウンテンバイクや洞窟探検，乗馬だ）［暦による区分ではなく，寒いとき以外という温度による区分］

比較: and those amount to perhaps 200 in *a* normal *summer* and 1,500 to 1,600 in *a* hot *summer*.
（（暑さによる死者は）ことによると普通の夏には200人，暑い夏には1,500〜1,600人に達するだろう）［夏の種類］

比較: Children can also register for gardening sessions in *the spring*, *summer* and *fall* and work with a small group on their own garden plot.
（子どもたちは春夏秋にも自然体験教室に登録して，少人数グループで自分たちの園芸場で作業をすることができる）［暦による区分には the が付けられる（§8.5.1 も参照）；summer, fall の前の冠詞省略に関しては §9.1 参照］

3.5. 慣用的表現(1)

慣用的表現の多くも原理 III（働きの有無）によって説明されます。以下の例で冠詞が不要なのは，名詞は前置詞または動詞と

の関連において，名詞本来の役目あるいは目的，つまり，「働き」，を表しているからです。

(50) The quarter-mile-long net could drag up enough fish to sell at *market* and eat at suppertime.
(0.25マイルの長さの漁網は，市場で売ったり夕食時に食べたりするのに十分な量の魚を水揚げできるだろう)［交易の場；特定のmarketは念頭にない。以下の例も同様］

(51) The builders were on *site* early this morning.
(建築業者たちは今朝早く現場にいた)［仕事遂行の場］

(52) If we get some sunshine, we'll be back on *track*.
(日が差せば，トラックに戻ろう)［陸上競技の場］

類例： at bat (攻撃中で); at table (食卓で); in theater (演劇界で); on foot (歩いて); on stage (舞台で); on tour (旅行中で); be with child (妊娠中で); give way (譲る); go to bed (床につく); lose heart (希望を失う)

3.6. 慣用的表現(2)

本章で述べてきた原理 III により，from flower to flower や hand in hand のように，前置詞句中で名詞が無冠詞であることの理由も説明可能です。なぜなら，このような構文中の名詞は，特定の事物・物体を指示しているのではなく，位置関係（または時間関係）（「働き」の下位区分）を表しているにすぎないからです。言い換えれば，副詞的用法における名詞は「独立した名詞としての資格を大部分失っている」のです（Quirk et al. (1985: 280))）。

(53)　She had followed him from *cradle* to *grave*.
　　　（彼女は揺りかごから墓場まで一生彼に従った）
　類例：　from bow to stern（船首から船尾まで）; from ear to ear（耳から耳まで，満面に）; from head to toe（頭から足の先まで）

(54) a.　We come back here and down *mug* after *mug*.
　　　　（ここに戻って何杯も何杯も飲みほす）
　　 b.　We'd have 10 waitresses filling *mug* after *mug* of beer.　（何杯も何杯もビールを注いでくれるウエイトレスを10人そろえよう）[*of*-phrase 付きであることに注意]
　類例：　house after house（どの家もどの家も）; town after town（どの町もどの町も）

(55)　We walked home, *hand* in *hand*, in silence.
　　　（黙ったまま手に手を取って歩いて帰宅した）
　類例：　*arm* in *arm*（腕を組んで）

(56)　The apple trees are in (full) *bloom* at the moment.
　　　（リンゴの木はいま花盛りだ）[状態]
　類例：　in (full) blossom（花盛りで）; in bud（つぼみで）; in flower（開花中で）
　その他：　end to end（端と端を）; face to face（面と向き合って）; century upon century（何世紀も）; generation upon generation（何世代も）; layer by layer（幾層も）

4 範囲が限定されれば冠詞あり

4. 原理 IV（限定と非限定）

本章では，名詞部の表す時間，空間，様態，内容，数量，種類などに関して「指示範囲限定」[1]という見方を取り入れることによって，同一の名詞が不定冠詞をとる場合ととらない場合との相違を説明します。たとえば，次のペアを見てください。

(1) a. The bus was traveling at *speed*.
（バスは高速で走行中だった）

b. The bus was traveling at *a speed* of thirty miles an hour. （バスは時速30マイルのスピードで走行中だった）

速度や長さ，広さ，重さなどを表す英語の名詞は，時速何キロとか長さ何メートルなど範囲が特定されれば a / an が付けられます。このことは次のように一般化できます：**「英語の名詞部は，指示範囲が限定されるときは a / an**（あるいは他の限定詞）**をと**

---

[1] 「指示範囲」というよりも「適用範囲」あるいは「意味範囲」というほうが適切な場合もあります。多くの場合，指示範囲あるいは適用範囲，意味範囲と使い分ける必要はないので，本書では，文脈が許せば単に「範囲」と呼ぶことにします。

り，指示範囲が限定されないときは **a / an** をとらない。」

原理 IV

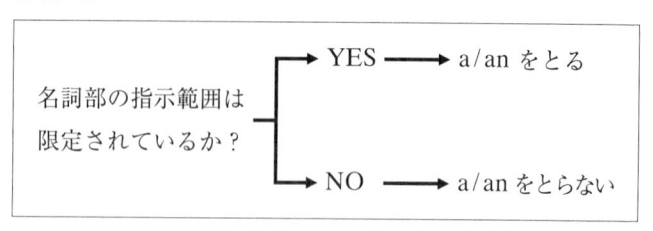

```
                        ┌─→ YES ──→ a/an をとる
名詞部の指示範囲は      │
限定されているか？ ─────┤
                        └─→ NO  ──→ a/an をとらない
```

4.1. 空間的限定

原理 IV が特に明白なのは，長さに関する場合です。

(2) a. The fence that barricades Barn 36 is made of plastic *pipe*. (36番小屋を囲う柵はプラスチックパイプ製だ)［物質(＝素材)］

b. Mr. Luciano had attached *a* plastic *pipe* to the exhaust and stretched it through a car window. (ルチアーノ氏はプラスチックパイプを排気口に取り付けて窓から(車内に)引き込んでいた)［具体物(＝製品)］

(3) a. Her hands were bound behind her with *rope*. (彼女の両手はロープで後ろ手に縛られた)［長さにはノーコメント］

b. They tied my neck with *a rope* and pulled me like an animal. (彼らは私の首にロープを付けて，動物のように引っ張っていった)［特定の，1本のロープ］

(4) a. She wore an elegant red suit woven with gold *thread*.

(彼女は金糸が織り込まれた，優美な赤いスーツを着ていた)

b. *A* gold *thread* at the edge of the top layer glimmers as the dancers turn. (踊り子たちが回るにつれて外衣の縁の金糸がきらきらと光る)［1本の金糸］

(2)-(4) では，(a) のように，長さに関してノーコメントである場合は無冠詞で用いられますが，(b) のように，一定の長さをもつこと，つまり，どこからどこまでという両端の区切り，が含意される場合は冠詞が付けられます。cord / hose も (2)-(4) と同じように使い分けられます。

以上は長さに関する例ですが，名詞が空間的広がりを表す場合も「範囲限定」という概念は有効です。以下の例のほか，field, forest, jungle, land, place, shadow, space なども同様なので，辞書などで確認してください。

(5) a. The plains turn into *desert*.
(大草原が砂漠になってしまう)［砂漠状態；広さにはノーコメント］

b. What makes an area *a desert* is dryness, to the degree that it can support little or no vegetation.
(ある地域を砂漠にするのは乾燥だ。植物の成長がほとんど，あるいはまったく，不可能なほどの乾燥だ)［特定の地域に限定］

(6) a. Lifting her up, Tom carried her onto dry *ground*.
(トムは彼女を抱え上げて，乾燥した地面まで運んだ)［乾燥状態の土地；広さにはノーコメント］

b. A crimson pear vibrates against *a* green *ground* and casts a deep violet shadow.
(えんじ色のナシが緑の大地を背景に揺れ，暗紫色の影を投

げかける）[限定された広さ]

(7) a. They make *room* for new couches and chairs by dragging the old ones outside. （古いのを外に出すことによって新しいカウチや椅子をおくスペースを捻出する）

b. So I made *a room* for them in the basement. （そういうわけで，彼らのための部屋を地下に作った）

次の例文は，範囲非含意と含意（＝空間的限定なしと限定あり）とを明示しています。

(8) a. All we could see was blue *sky*. （見えるのは青空ばかりだった）[範囲非含意；一面の青空]

b. The 4.5 million-pound shuttle thundered into *a* blue *sky* edged with billowy clouds. （450万ポンドのシャトル（Atlantis）は雲海に囲まれた青空に轟音をたてて突入した）[範囲含意；雲の間]

c. We see *a* blue *sky* between patches of high clouds. （数片の高い雲の間に青空が見える）

d. The moon shone in *a* serene *sky* among the lesser stars. （星屑の間の澄んだ空に月が輝いていた）

類例： a black sky surrounded by dying trees

4.2. 時間的限定

時間を表す名詞も，いつからいつまでという限定がないときは無冠詞で用いられますが，時間が限定されるときは不定冠詞が付けられます。

4　範囲が限定されれば冠詞あり　　65

(9) a.　Many people wonder about *eternity*.
　　　　（多くの人は永遠とは何かと思う）［限界非含意］

　　b.　The five minutes seemed like *an eternity* till the ambulance came.　（救急車が来るまでの5分間は永遠のようだった）［強調的用法；限界含意］

(10) a.　*Time* is like flowing water — once passed it cannot be recovered.　（時は流れる水のごとし。ひとたび過ぎれば取り戻し得ず）［抽象概念］

　　b.　There was *a time* when I actually thought I was immortal.　（自分は不死身だと実際に思ったときがあった）［関係詞節による限定（☞ §4.4.2）］

hour / day / week / year も，60分／24時間／7日／365日という決まった長さを表せば冠詞が付けられますが，そうでないときは無冠詞で用いられます。

(11) a.　During *rush hour*, people line up shoulder to shoulder waiting for trains.
　　　　（ラッシュアワーのとき人々は肩をくっつけて並んで電車を待つ）［rush hours も可］

　　b.　The exam lasted *an hour*.　（試験は1時間続いた）

(12) a.　Operation *day* had arrived.　（手術の日が来た）

　　類例：　examination day（試験日）; family day（家族(面会)の日）; interview day（面談日）

　　b.　We had *a day* by the sea.　（海のそばで1日過ごした）

(13) a.　Exam *week* is a tough week.
　　　　（試験週間はきつい週だ）

　　類例：　Christmas week（クリスマス週間）; Valentine week

（ヴァレンタイン週間）

  b. We spent *a week* preparing.
   （1 週間かけて準備した）

(14) a. This time of *year* makes us realize why azaleas are so popular in this region. （この時期になるとアザレアが当地でそんなにも人気がある理由がわかる）

  b. The earth takes *a year* to make a circuit of the sun.　（地球は太陽を 1 周するのに 1 年かかる）

season が不定冠詞をとるかとらないかも，期間が画定されるかされないかによります。

(15) a. It is in *season* from fall through early spring.
   （（イタリーウイキョウは）秋から初春が盛りだ）

  b. He also had broken Babe Ruth's 1923 record of 170 walks in *a season*. （（ボンズは）1 シーズン 170 四球というベーブルースの 1923 年の記録も塗り替えた）

day / night も，明るさ／暗さという「働き」(☞第 3 章) を表せば無冠詞ですが，時間的長さを表せば冠詞をとります。

(16) a. Night turned to *day*, *day* to night again.
   （夜は昼になり，昼はまた夜になった）

  b.(＝(12b)) We had *a day* by the sea.

(17) a.(＝(16a)) *Night* turned to day, day to *night* again.

  b. Mr. Gordon spent *a night* in jail.
   （ゴードン氏は留置所で一晩過ごした）

4.3. 種　類

次のような不定冠詞の用法は「種類」(type) を表すと言われています (Berry (1993: 12))。

(18) I was impressed by *a wine* from Friuli.
（フリウリ産のワインに感銘した）

(19) When boiled to setting point with an equal weight of sugar, they make *a* very fine *jam*.
（同じ重さの砂糖といっしょに凝結温度にまで煮込めば，とても上等なジャムができる）　　　　　　　　（以上 Berry (1993)）

これらの物質名詞に不定冠詞が付けられるのは，修飾語句によって名詞の指示範囲（この場合，産地，品質）が限定されるため，名詞部の具体性が想像可能になるからです。したがって，物質名詞に冠詞が付かないときと冠詞が付くときには，物質と種類（または製品）という区別があります。

(20) treat the fence with (*a*) *wood preservative*
（柵に木材用防腐剤を施す）(OALD[5])［防腐剤である液体 vs. 限定された（たとえば，A 社の／B という製品名の）防腐剤］

(21) a. Orange juice with *preservative* is the food prepared for further manufacturing use.
（保存料入りのオレンジジュースは別の製品を生産するために造られる食品だ）［物質］

　　b. Oyster ketchup: the juice of fresh oysters, boiled, mixed with *a preservative* (vinegar, wine or brandy) and bottled.　（オイスターケチャップ＝新鮮なオイスターを煮て，保存料（酢，ワインまたはブランディ）

を加え，ビンづめにしたジュース）［製品; 具体例があげられていることに注意; (22b) も参照］

(22) の冠詞の使い分けは物質と製品という区別なしには説明不可能です。

> (22) a. With repeated applications of *weedkiller*, the weeds were overcome. （除草剤を繰り返し使用して雑草を駆逐した）(CCED³)［製品名非限定］
>
> b. Check weeds, not by hoeing which can tear through surface roots, but by applying *a weedkiller* such as paraquat or glyphosate.
> （雑草を防ぐには，根を途中で切ることがあるので鍬で除草するのではなく，パラコートやグリフォセートのような除草剤を使用しなさい）(CCED³)［製品だから a が必要］
>
> c. ??Check weeds, not by hoeing which can tear through surface roots, but by applying *weedkiller* such as paraquat or glyphosate. ［製品だから a なしでは誤用］
>
> d. Check weeds, not by hoeing which can tear through surface roots, but by applying *weedkiller*.
> ［物質だから a 不要］

4.4. 共起する語句による限定

前節で見たように，従来「種類」を表すとされていた不定冠詞の用法は，実は，「産地」や「品質」に下位区分可能です。しかし，空間・時間を除いては，意味概念に基づいて名詞部の限定の仕方

を下位区分するのは困難なので，構造を手がかりに例示していくことにします。名詞の指示範囲を限定する語句には次のようなものがあります。

a) 前置詞句
b) 関係詞節
c) 形容詞
d) that 節および不定詞，動名詞

4.4.1. 前置詞句
4.4.1.1. 数値による限定

(23) – (25) の (b) では of more than 500 acres / of about 6 miles などにより area / depth などの範囲が限定されて，ひとまとまりの広さ（あるいは深さ）が示されるので，不定冠詞が必要となります。

(23) a. The problem is that there is less wild *area*, and more mountain lions. （問題は，野生地は減ったのにピューマは増えたということだ）

b. *an* unfenced wild *area* of more than 500 acres
（柵のない，500 エーカー以上の野生地）［数値後置］

c. By purchasing the property, the state could create *an* unbroken 300000-acre wild *area*.
（その地所を購入すれば，州は飛び地なしの 30 万エーカーの野生地を創出可能だ）［数値前置］

(24) a. three feet in length / *depth* / diameter
（長さ／深さ／直径 3 フィート）

b. That earthquake had *a depth* of about 6 miles.

(その地震は地下約 6 マイルで起こった)

(25) a. (= (24a))　　three feet in *length* / depth / diameter

　　b. The fish can grow to *a length* of four feet.
　　　(その魚は 4 フィートもの長さになることがある)

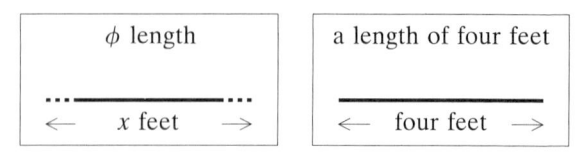

ϕ length	a length of four feet
← *x* feet →	← four feet →

　類例：a capacity for 1800 students（1800 人の学生収容能力）; a diameter of about six inches（直径約 6 インチ）; a height of about 18 inches（約 18 インチの高さ）; a value of $75（75 ドルの価値）; an unladen weight of 3,000 kilograms（空荷時 3 トンの車体重量）; a width of 500 feet（500 フィートの幅）

(23c) で見たように，数値が名詞の前に置かれるときも冠詞が付けられます。

(26) Snow and violent winds shut down *a* 19-mile *length* of the A1.　(雪と強風のため A1（幹線道路）が 19 マイルにわたって不通になった)

(27) My computer has *a* 500-megabyte *memory*.
　　(私のコンピュータは 500MB のメモリがある)

　類例：a two million pound profit（200 万ポンドの利益）; a ten-dollar value（10 ドルの価値）; a three-hour wait（3 時間の待ち時間）

4.4.1.2. 感情・能力などの対象
4.4.1.2.1. 感　情

　fear / hatred / love など感情を示す語は抽象概念を表すので，通例は無冠詞で用いられますが，その対象を明示する語句（*of*- / *for*-phrase など）が後続するときはしばしば a / an をとります（ただし，(36) 参照）。

(28) a. They heard her moan in *agony* and writhe in pain. （彼女が苦しみで呻き，苦痛でのたうつのを聞いた）
　　b. Buck, in *an agony* of despair, becomes a male hustler. （バックは，絶望の苦しみのうちに，男娼になる）

(29) a. *Fear* made me work hard.
　　　（恐怖から一生懸命勉強した）
　　b. It's not *a fear* of death that makes George anxious. （ジョージを不安にさせるのは死の恐怖ではない）
　比較: Many people live in *fear* of death. （多くの人々は死の恐怖のなかで暮らしている）［感情や知覚を表す語が in に後続するときは，状態を表し，範囲非限定なので無冠詞］

(30) a. An old man in *love* is like a flower in winter.
　　　（恋する老人は冬の花のようだ）
　　b. She developed *a love* for opera early in life.
　　　（彼女は幼いころにオペラが好きになった）
　類例: share a hatred of the government（政府への憎しみを共有する）; with a hope of success（成功の希望をもって）; develop a love of reading（読書が好きになる）; have a preference of yellow over blue（青よりも黄色を好む）; have a reverence for nature（自然に

崇敬の念を抱く); have a terror of drowning (溺れるのを怖がる)

4.4.1.2.2.　能　力

capacity / talent など能力を表す名詞も，対象を表す語句が続けば，通例，a / an をとります。

(31) a. He hoped to lower the price and increase *capacity* as the technology advances. (彼は，技術の進歩に合わせて，価格は下げ性能は上げたいと思った)

b. She had *a capacity* for hard work and adversity. (彼女にはつらい仕事と逆境に耐える能力があった)

(32) a. Professional writers thought his stories showed great *talent*. (職業的作家たちは彼の物語は大いなる才能を示していると思った)

b. He showed *a* great *talent* for athletics from an early age.
(彼は幼いころから運動競技に優れた能力を示した)

比較：　He has *a gift* (for storytelling).
(彼には物語の才能がある)［類義語の gift は可算名詞］

4.4.1.2.3.　その他の名詞類

上記以外にも多数の名詞が，対象を表す前置詞句に後続されるときは不定冠詞をとります（空間的・時間的限定も参照；☞ §§4.1–4.2）。

(33) a. How are you going to stay in *condition* if you don't run? (ランニングをしないのなら，どうやって健

b. The English language exists in *a condition* of perpetual peril. (英語は絶えず危険状態にある)

(34) a. Exact matches between crime scene and database DNA may be used as evidence of *identity* in court. (犯罪現場とDNAデータベースとが完全に一致すれば，法廷で本人の証拠として用いられてもよい)

b. We have to build *an identity* with viewers. (視聴者と一体感を構築しなければならない)

比較: feel a sense of *identity* with the school (学校と一体感を感じる) ["NP₁ of NP₂" の形式で素材扱い (☞ §2.2)]

(35) a. There are children in *need* of dental care and warm sweaters. (歯の治療と暖かいセーターとを必要とする子どもたちがいる)

b. There's *a need* for new teams. (新チームが必要だ) [対象限定]

類例: a debt of gratitude (恩義) [*of*-phrase による限定]; an illustration of China's dynamism (中国の活力を示す実例) [多くの実例のうちの一つ]; a marked contrast between ... (...間の顕著な相違) [*between*-phrase による限定]

4.4.1.2.4. 対象を伴う名詞に関する注意

ここで注意しなければならないのは，対象が述べられていても a / an が付けられない場合もある，ということです。

(36) a. She felt great *affection* for the child.

(彼女は子どもに好意を感じた)(CIDE)

b. Bart felt *a* great *affection* for the old man.
(バートは老人に大きな愛情を感じた)(LDOCE³)

(36a, b) の相違に関しては,無冠詞の great affection は,抽象概念 (または,一般論;抽象概念に関しては §2.6.3 参照) としての愛情であり,話し手は great を「褒めことば」(または「枕詞」) として用いています。これに対し,a great affection は Bart がそのとき,その場で感じた,彼に特有な愛情であり,話し手は affection の様態を記述しているのです (§4.4.3.4 も参照)。以下の (37), (38) でも,抽象概念と個別事例 (☞ 第 5 章) という区別に基づいて不定冠詞の有無が決定されています。

(37) a. He said his mother showed great *love* for her family.
(母親は家族に大きな愛情を示した,と彼は述べた)[一般的] (*Bucks County Courier Times*, Mar 3, 2006)

b. Right up until the end, he showed *a* great *love* for his family. (最後まで彼 (A. Todde;もと長寿世界一) は家族に大きな愛情を示した)[個別事例; A. Todde に特有な愛情] (*LA Times*, Jan 5, 2002)

(38) a. I think there is *prejudice* against our religion.
(我々の宗教に対して偏見があると思う)[抽象概念] (*USA Today*, Nov 23, 2006)

b. "There is *a prejudice* against us," Mr. Gul said, declaring the European decision unacceptable.
(「我々に対して偏見がある」とグール氏は述べ,欧州の決定は受け入れがたいと言明した)[個別事例;欧州に特有なトルコに対する偏見] (*NY Times*, Dec 14, 2002)

4.4.1.3. 「助数詞」[2] 扱い

これまで修飾語句である前置詞句に重点をおいて述べてきましたが、ここで被修飾語句である名詞句を中心として考えてみましょう。英語の名詞には *of*-phrase を伴って、日本語の「助数詞」(auxiliary numeral) に相当する働きをするものがあります。明白な例は次のようなものです。

(39) Bring me *a glass of* water.
(水を1杯もってきてください)

(40) Let's indulge ourselves with *a bottle of* champagne.
(シャンペンを1本たしなもう)

上ほど明白ではありませんが、次例の (b) 文中の abundance などは *of*-phrase の「助数詞」、つまり、wine などの大まかな量を表す単位、として用いられています。

(41) a. We had wine in *abundance*.
(ワインがたっぷりあった)

b. There was *an abundance* of wine at the wedding.
(結婚式ではワインがたっぷりあった)

(42) a. The metre is a measure of *length*.
(メートルは長さの単位だ)

b. He has taken *a length* of rope tied to *a length* of electrical cord. (彼は1本の電気コードに結びつけられた1本のロープを手にとった)

(43) a. *Wealth* is what you accumulate, not what you spend.

---

2. 助数詞=「2本のペン／本を3冊」における「本／冊」のように、数量を表す語に添えられることば。

(富とは蓄積するものであり，消費するものではない)

b. "Obviously, they have *a wealth* of experience and *a wealth* of knowledge," he said. (「明らかに，彼らには豊かな経験と豊かな知識がある」と彼は言った)

名詞が不定冠詞と *of*-phrase とを伴って助数詞の役目を果たす，ということがわかれば，(44) のような，ふつうは無冠詞で用いられる名詞が a / an をとる理由もわかってきます。a knowledge of は知識の「量」を表しているのです。

(44) a. *Knowledge* of French is a plus in her job.
(フランス語の知識は彼女の仕事にプラスだ)〔どの程度かは不問〕

b. *A knowledge* of German is a plus for tourists.
(ドイツ語の知識は旅行者にはプラスだ)〔ある程度の知識〕

4.4.2. 関係詞節

多くの名詞は，普段は無冠詞で用いられていても，限定用法の関係詞節によって修飾されれば，指示範囲が限定されるので，冠詞をとります。

(45) a. There is no absolute standard for *beauty*.
(美には絶対的な基準はない)

b. She has *a beauty* that comes from within.
(彼女には内から湧きでる美しさがある)

(46) a. He spoke with great *depth* of feeling about how kind they had been to him. (彼は彼らがいかに親切にしてくれたかをとても深い感情をこめて話した)

b. But this time, his work has a passion and *a depth*

of feeling that his past efforts have lacked.
（今回の彼の作品には，以前の作に欠けていた情熱と感情の深みがある）

次の (b) 文中の修飾語句は定動詞を含まないので，厳密に言えば関係詞節ではありませんが，意味は関係詞節を用いる場合と同じです。

(47) a. I found a party that believes that peace begins with *strength*. （平和は力から始まると信じている政党があることに気づいた）

b. She has faced her domestic problems with *a strength* born from her faith in God. （彼女は神への信仰から生じる強さをもって家庭の問題に向きあった）

4.4.3. 形容詞

本節では，形容詞（相当語句）によって名詞の指示範囲が限定されるために不定冠詞が必要となる場合を示します。まず，食事名から始めます。食事名の場合，形容詞（相当語句）の有無によって冠詞の有無がほとんど自動的に決定されます。

4.4.3.1. 食事名

breakfast / lunch / supper など食事名は，単独では，その構成物が指示されていないために（つまり，おかずが何であるか不定なので）無冠詞で用いられます。しかし，形容詞など修飾語句が付けられれば，どのような食事であるか想像可能になる（やや専門的に言えば，食事の様相が限定される）ので，a / an をとります。

(48) a. A double with *breakfast* is $64.
   (朝食付きのダブルルームは 64 ドルだ)

   b. Mornings, he serves *a* simple *breakfast*.
   (彼は，毎朝，簡単な朝食を出す)

   類例： a full / hot / leisurely breakfast; a high-fibre breakfast; a prayer breakfast; a simple breakfast of rice, soup and kimchi; a special pancake breakfast; a Sunday breakfast; a 6 a.m. breakfast of bacon and eggs

(49) a. Sue and I have had *lunch*.
   (スーと私はお昼を食べた)

   b. For an additional $22, you got *a* hot *lunch*.
   (もう 22 ドル追加すれば，暖かい昼食がついた)

   類例： a decent lunch; a lunch of sandwiches and coffee

(50) a. We were preparing *supper* when our lights flickered and died.
   (夕食をつくっていたとき，明かりがちかちかして消えた)

   b. We'll have *an* early *supper* before we go out.
   (出かける前に早めの夕食をとろう)

   類例： a frugal hamburger supper; a quick supper

   その他： ϕ dinner: a small / grand / great / later / lobster dinner; ϕ dessert: a light / hot / chocolate / pineapple dessert

参考 1

1) a + meal

meal は「1 回分の食事」を指し，開始と終了が前提とされているので，冠詞をとります。

(i) *A meal* at a sushi bar is typically an event.
(一般に，寿司店で食事するのはちょっとした行事だ)

2) a + dinner

dinner が 'social gathering, dinner party'（晩餐会）を表すときは修飾語句なしでも a / an をとります。

(ii) *A dinner* was held afterward in the church cafeteria.
(そのあと教会のカフェテリアで晩餐会が開かれた)

3) (a) diet

diet は治療法としては無冠詞で用いられますが，治療の実践としては，通例，冠詞が付けられます（☞ §5.2）。形容詞が付けられるときも冠詞をとります。

(iii) Everyone I speak to these days is either on *a diet*, has just been on *a diet* or is planning to go on *a diet*.
(私が最近話しかけるだれもが食事療法中か，食事療法を始めたか，これから始めようとしているかだ)

(iv) One-third of the mice were fed *a* standard *diet*.
(ネズミの3分の1には標準的な食事が与えられた)

4.4.3.2. 色彩語

色彩語も形容詞により色彩の幅が限定されれば，ほぼ例外なく，a / an をとります。

(51) a. His lips turned *blue*. （彼は唇が紫になった）
 b. His face had turned *a* dirty *blue*.
 (彼の顔は汚れた土気色に変わった)

類例: a brilliant / deeper / metalic / perfect / soft blue; a deep turquoise-blue

(52) a. The lady is dressed in *gray*.

(その婦人はグレーの服を着ている)

 b. Kaila's once black fur is now *a* mottled *gray*.
   (カイラ(オオカミの名前)のかつて黒かった毛皮は現在はまだらの灰色だ)

(53) Yellow and *green* together make *a* pale *green*.
   (黄色と緑色をいっしょにすれば淡い緑色になる)

 類例: an ugly mud-green; a bright apple green; a dark, liquid green; a pearly light green

 他の色彩語: a sickly yellowish-orange; a blazing / brilliant orange; an angry red; a bright red; a brilliant / ghostly white; a bright / sickly / sooty yellow

4.4.3.3. 挨拶ことば; 発話; 擬音

hello / goodbye など挨拶を表すことばも, 通例, 形容詞を伴わなければ無冠詞ですが, 形容詞を伴えば a / an が必要になります。挨拶の様態が限定される, つまり, 挨拶の仕方が具体的になるためです。

(54) a. I said *goodbye* to my friends.
    (友人たちにさよならを言った)

  b. They had said *a* final *goodbye* to their school principal. (彼らは校長に最後の別れを告げた)

(55) a. Come and say *hello* to my friends.
    (来て私の友だちに挨拶しなさい)

  b. He always offers *a* cheery *hello*.
    (彼はいつも陽気に挨拶する)

(56) a. We didn't get a chance to say *thank you*.

(お礼を言う機会がなかった)

b. I am here tonight, above all, to say *a* heartfelt *thank you*. (今晩ここにいるのは，何よりも，心からありがとうと言うためです)

発話全体も，形容詞を伴うときには，不定冠詞をとります。

(57) a. A longtime saleswoman greets him with *a* loud "*Merry Christmas, John*!"
(古くからの女性販売員が大きな声で「メリークリスマス，ジョン」と彼に声を掛ける)

b. He faced the spectator's gallery and uttered *a* quiet "*I'm sorry*." (彼は傍聴人席に向かって，「申し訳ありません」と小声で言った)

擬音は，修飾語句がなくても，通例，a / an をとります。

(58) He heard *a* faint *meow* from the nearby drain.
(近くの下水溝からかすかなニャーという声を聞いた)

類例： a (rapid) rat-a-tat-tat ((たて続けの)ドンドンドン); a (loud) thud (どすんという(大きな)音); a (muffled) whump ((押し殺したような)ドサッという音)

ところで，次のように，形容詞がないにもかかわらず挨拶ことばに a / an が付けられている例もあります。

(59) a. Anne almost choked when she heard his name and stammered *a goodbye*.
(彼の名前を聞いたとき，アンはほとんど息がつまって，口ごもりながら「さ，さよなら」と言った)

b. He grunted *a thank-you* without looking up.
   (彼は目も上げずに，ぼそぼそと「どうも」と言った)

c. He looked at her briefly and murmured *a hello*.
   (彼は彼女をちょっと見て「やあ」とつぶやいた)

これらの例では stammering / grunts / murmured が発話の様子を具体的に示すので，聞き手は話し手の話しぶりを容易に想像することができます。これらの動詞により goodbye / thank-you / hello は声の調子や速度などに関して具体性が与えられるので，不定冠詞が要求されるのです。動詞が冠詞の決定要素である証拠に，stammer ほかを say に変えれば不定冠詞は不要です ((54)–(56) の (a) 参照)。不定冠詞の選択には，名詞自体の性質に加えて，形容詞や関係詞節など修飾語句が関与するだけでなく，動詞の意味も関与する，ということを示す例です。

4.4.3.4. 形容詞による，その他の名詞類の限定

形容詞により指示範囲が限定されれば a / an をとるということは，逆に言えば，単数形の名詞に形容詞が先行しても，指示範囲が限定されなければ，不定冠詞は付けられない，ということです。では，形容詞が指示範囲を限定しないのはどんなときかと言うと，まず形容詞が「情緒的語句」(sentimental epithet) (または，「枕詞」(ornamental epithet)) として用いられるときです。これに対し，形容詞が「記述的語句」(descriptive epithet) (または「限定的語句」(qualifying epithet)) として名詞に付けられるときは，名詞の指示範囲あるいは内容は限定をうけるので，冠詞が必要になります。いま *New York Times* (1980 年以降に限定) で peculiar affection / intensity / sensitivity (特有な愛情／激

しさ／感受性）を調べてみると，すべての例が不定冠詞または他の限定詞をとっています。(affection / intensity / sensitivity は単独では [U] です。) これは，peculiar が記述的語句であり，後続する名詞の指示範囲を限定しているので a / an など限定詞が必要になるためであると推測されます。こう考えれば，同じ形容詞が同じ名詞と共起しながら a / an をとったりとらなかったりする場合，無冠詞のときは情緒的語句，a / an 付きは記述的語句として用いられていると解釈できます。たとえば，(60), (61) の (a) は形容詞が情緒的語句として主観的評価を，(b) は記述的語句として範囲限定を表している例です。

(60) a. She has great *determination* to succeed.
（彼女は成功しようと大決心をしている）[great は褒めことば]（NHD）

b. She has *a* great *determination* to succeed.
（彼女は成功しようと強固な決意をしている）[great は様態を限定; 不定冠詞による限定も参照（☞ §4.4.4）]（CIDE）

(61) a. Growing *unease* at the prospect of an election is causing fierce arguments within the party.
（選挙の見込みに関して不安が増してきているため党内で激しい議論が行われている）[unease の様態非限定]

b. 'He'll be alright,' I said to myself, trying to quell *a* growing *unease*.
（つのりくる不安を静めようとして，「彼は大丈夫だ」と自分に言い聞かせた）[話し手が限定する unease]

以上の (a) 文は形容詞が「情緒的」または「枕詞的」に用いられるため冠詞をとらない例でした。形容詞が不定冠詞を要求しな

い,別のケースは,「転移修飾」[3]です。たとえば,(62a, b) の prompt は行動を実行するまでの時間であり,firm は行為者の態度です。どちらも action の仕方そのものを修飾しているのではありません。こういう場合には,名詞部は冠詞をとりません。これに対し,(62c, d) の修飾語句は action の行動様式を限定しているので,不定冠詞が必要になります。例 (63) の φ forced cheerfulness と a healthy cheerfulness とを較べると,前者は話し手の態度を表しているのであって,cheerfulness のありさまを限定しているのではありません。名詞部は限定を受けていないのですから,冠詞は不要です。後者は,さまざまな種類がある cheerfulness のうちの一つの姿を表し,名詞部の指示範囲を限定するので冠詞が必要です。

(62) a. Now Japan has promised prompt *action*.
  (今や日本は迅速な行動を約束した)

 b. The police took firm *action* to deal with the riots.
  (警察は暴徒の対応に断固とした行動をとった)

 c. It only needs *a* small wrist *action* to start the process. (その過程を始めるにはちょっと手首を動かすだけだ)[動きの箇所および程度限定]

 d. It has *a* very smooth *action*.
  (とても滑らかな動きをしている)[動きの様態限定]

---

 3. 「転移修飾」とは,形容詞などが,修飾すべき語ではなく,別の語を修飾することを指します。たとえば,his dying wish (彼の臨終の願い) [Shakespeare] において,論理的には,dying であるのは wish ではなく,he です。次は転移修飾の例としてよく引用される詩句です: The plowman homeward plods his weary way (農夫は家路へと疲れた道をとぼとぼと歩く) [Gray]。weary であるのは way ではなく,plowman です。

(63) a. "We are just waiting for him," Niklus said with forced *cheerfulness*. (「彼を待ってるだけだよ」とニクラスは無理に陽気に言った)

b. And all four have *a* healthy *cheerfulness* about sexuality. (4作品とも性に関して健康的な陽気さを示している)[陽気さの様態限定]

4.4.4. that 節，不定詞および動名詞

that 節が内容を明示するため a / an が要求される場合もあります。

(64) a. Her son's skin improved beyond *belief*.
(彼女の息子の皮膚は信じられないくらいよくなった)

b. The latter was occasionally coupled with *a belief* that the city was not an ideal background for raising a child. (後者は，都市は子育てに理想的な背景ではないという信念とときおり結びついている)

(65) a. They promise to separate fact from *fallacy*.
(事実と誤謬(ごびゅう)とを区別すると約束する)

b. It's *a* complete *fallacy* that women are worse drivers than men. (女性のほうが男性よりも運転が下手だというのはまったく間違いだ)

(66) a. *Agreement* was reached on several ancillary matters. (いくつかの付随的な件に関して合意がなされた)

b. We have reached *an agreement* that we won't fire on each other.
(私たちは互いに発砲しないという合意に達した)

[図: φ agreement / an agreement "We won't fire on each other."]

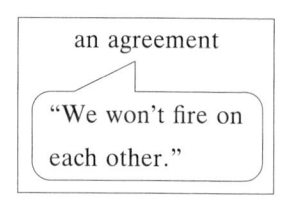

以下の (b) 文は不定詞が名詞の内容を限定するため，a / an が要求される例です。

(67) a. Tony has great *ability* and potential, but his durability is a question. （トニーには豊かな能力と可能性があるが，持続力は疑問だ）
　　 b. Larry has *a* great *ability* to say things in a few words.
　　　　（ラリーには数語で表現するという優れた能力がある）

(68) a. (= (66a)) 　*Agreement* was reached on several ancillary matters.
　　 b. *An agreement* was reached to hold further talks in January.
　　　　（1月に更なる話し合いを開くという同意がなされた）

(69) a. He had *ambition*. Darryl wanted to be a lawyer.
　　　　（彼には大望があった。ダリルは弁護士になりたかったのだ）
　　 b. He had *an ambition* to learn.
　　　　（彼は学問をしたいと熱望していた）

動名詞が名詞部の内容を限定するため，名詞部が不定冠詞を必要とする場合もあります。

(70) a. Abuse of *privilege* was the consensus.
　　　　（特権が乱用されているというのが世論だった）

b. It was *a* great *privilege* hearing her sing.
   （彼女が歌うのを聞くのは大変名誉なことだった）

(71) a. Yet there are signs of *strain*.
   （だが，緊張の兆候もある）

   b. I found it *a strain* making conversation with him.
   （彼と会話をするのは重荷だった）

(72) a. All I felt when I finished the stage was *humiliation* and depression.
   （ステージを終えたときに感じたのは屈辱と憂うつだった）

   b. Being forced to resign was *a* great *humiliation* for the minister.
   （詰め腹を切らされるのは大臣にとって大変な屈辱だった）

以下，that 節などにより内容が限定されるとき a / an をとりやすい，上記以外の名詞をあげておきます。

> capability, condition, decision, desire, duty, falacy, fantasy, fault, fear, feeling, grief, guarantee, honor, inconvenience, injustice, instinct, instruction, intuition, kindness, longing, mercy, obligation, observation, pity, pleasure, policy, principle, probability, recognition, recomendation, relief, rumor, shame, suspicion, theory, tradition, truth

上の (72b) では名詞 (humiliation) よりも先にその内容が述べられています。(73b) も同様です。

(73) a. They subsequently admitted that the story was pure *invention*.

(その後, その話はまったく創作だったと彼らは認めた)［話の内容には具体的言及なし；ジャンル扱い（☞ §2.4)］

b. His story of being kidnapped and held prisoner was *an invention*.
(誘拐され人質にされたという彼の話は作り話だ)［話の内容に言及されているので不定冠詞付き；作品扱い］

上の例からわかるように, that 節や不定詞, 動名詞は, 名詞部が a / an をとるときの構造的な目印にすぎません。名詞部が不定冠詞を必要とするかどうかは, 文脈から情報内容が限定されるかどうかにかかっているのです。

参考 2 ϕ information / news that ...
　information / news；agreement / knowledge などは同格の that 節を従えるときでも不定冠詞をとりません。(前 2 語は不定詞あるいは関係詞節が後続するときも a / an をとりません；☞ § 2.6.3.3.3)
　agreement も「了解」という意味のときは無冠詞で用いられます。[cf. LDOCE[3] (s.v., agreement 2)：'[uncountable] a situation in which people have the same opinion as each other']

(i) There is *agreement* among doctors that pregnant women should not smoke. (医者のあいだでは, 妊婦は喫煙すべきでないという了解がある)

「知らせ」という意味のときの word も同様です。

(ii) His family waited for *word* that a donor heart had been found for the critically ill child. (彼の家族は, 危篤の子どもに心臓提供者がみつかったという知らせを待った)

4.5. 否定と存在

　文意が肯定か否定かということも冠詞の選択に関与することがあります。一般的に言って，肯定は具体的な存在の様態を含意するので冠詞を必要とする傾向が強く，否定は必ずしも存在の様態を含意しないので冠詞がなくてもよいからです。

(74) a. Locking the doors is <u>not</u> *insurance* that your car won't be stolen. （ドアをロックしても車が盗まれないことの保証にはならない）

　　 b. I put an extra lock on the door as *an* added *insurance* against burglars. （強盗よけの追加的保証としてドアに余分に錠前をつけた）

(75) a. Current board members <u>escaped</u> *blame*.
　　　（現役員たちは非難をまぬがれた）

　　 b. If there's *a blame* to be placed, it has to be on the system. （非難すべきものがあるなら，体制だ）

(76) a. The two sides <u>failed</u> to reach *agreement*.
　　　（両者は合意に達しなかった）

　　 b.(= (66b))　We have reached *an agreement* that we won't fire on each other.

(77) a. If the bombing comes <u>without</u> *warning*, what can we do?
　　　（もしも予告なしに爆破されたら，何ができるだろう）

　　 b. So, *a warning* was given. （それで，警告が発せられた）

　肯定は冠詞をとり，否定は必ずしも冠詞をとらないという傾向により，a little と little との意味の違いが説明されます。前者

では不定冠詞を付けることにより名詞部を姿かたちをもつものとして示し，後者では不定冠詞を付けないことにより名詞部のイメージ化が抑えられるからです。a few と few との相違もこの傾向により説明可能です。

(78) a. I had *little* money and *little* free time.
(お金もヒマもほとんどなかった)

b. *A little* food would do us all some good.
(食料が少しあればみんなに役だつ)

(79) a. *Few* people understand the difference.
(その違いがわかる人はほとんどいない)

b. We've had *a few* replies. (少しばかり返事があった)

名詞自体が「非存在」を表すときは a / an の有無は意味の相違に関与しません。たとえば，次の例文では意味的な違いはありません。存在しないもののイメージ化は不可能もしくは困難だからです。

(80) His work displays (*a*) *poverty* of imagination.
(彼の作品は想像力の貧困を示している)

(81) The shop was forced to close owing to (*a*) *shortage* of staff.
(その店は人手不足のため閉店に追い込まれた)(OALD[5])

5　個別事例には冠詞あり

5. 原理 V（抽象概念と個別事例）

　辞書にはしばしば第1義として抽象的語義の定義があげられ，第2義として 'an instance of this' という説明があげられています。たとえば，OALD[5] では antipathy（嫌悪）は次のように定義されています[1]（abstention, ballot, bereavement, betrayal, birth, blasphemy, burglary, etc. も同様）。

(1)　(a) [U] a feeling of strong dislike: *She made no attempt to hide her feelings of antipathy*. ((a) [U] 強い嫌悪の感情: ...)

　(b) [C usually sing] an instance of this: *There exists a profound antipathy between the two men.・He showed a marked antipathy to foreigners*. ((b) [C 通例単数] この個別事例: ...)

oscillation に関する LDOCE[3] の定義も同様です（hop 2

1.　OALD の第6版以降では説明方法が変更されたため，可算性と意味との関係はわかりにくくなっています。新しい辞書のほうが優れているとは言えない例です。

(flight), impulse 3, motion¹ 2, pass² 3 も参照)。

(2) 1 [uncountable] the regular movement of something from side to side between two limits ([U] 何かが二つの極限点のあいだを端から端に規則的に揺れ動くこと)

2 [countable] a single movement from side to side of something that is oscillating ([C] 揺れ動いているものが端から端へ1回運動すること)

これらの定義は，名詞が個別事例（個別行為を含む）を表すときは単数形で用いられて a / an をとり，そうでないときは無冠詞で用いられる，ということを示しています。この区別を次のように一般化して，原理 V と呼ぶことにします：「**英語の名詞部は，個別事例を表すときは a / an をとり，個別事例を表さないときは a / an をとらない。**」

原理 V

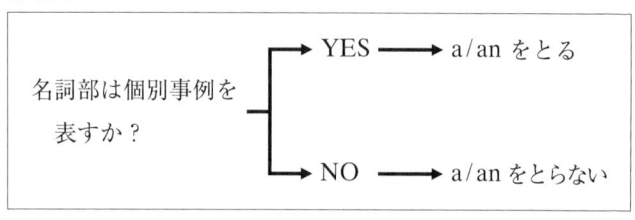

```
                          ┌─→ YES ──→ a / an をとる
名詞部は個別事例を ───────┤
   表すか？               └─→ NO ──→ a / an をとらない
```

定義 (1b) 中の例文が形容詞 (profound / marked; ☞ §4.4.3) および前置詞句 (between / to NP; ☞ §4.4.1) をとっていることからわかるように，原理 V は前章の原理 IV（限定と非限定）よりも広範な一般性をもっています。ただ，原理 V を一般論として理解できても，多くの名詞部は [U] と [C] に対応して訳し分けるのが困難なので，日本語を手掛かりとして名詞部に a / an を

付けるべきかどうかを判断するのは困難です。抽象的意味と個別事例との区別が明らかになるよう，以下，分野ごとに両者を対照させながら例をあげていきます。

5.1. 犯罪名と犯罪行為

　名詞が抽象概念と個別事例とを表す典型的な例として，犯罪名と犯罪行為（または事件）とがあげられます。犯罪を表す名詞は arrest / charge / convict などに続くときは，ほぼ例外なく，無冠詞で用いられます。

(3) a. Jerman went to trial and was convicted of *abduction*.
（ジャーマンは裁判にかけられ，誘拐につき有罪とされた）

b. No one reported seeing *an abduction* in the area.
（その地区では誘拐事件を目撃したという報告はない）

(4) a. He had been imprisoned for *burglary* twice before.（彼は以前に2度侵入盗の罪で投獄されていた）

b. On October 14, 1997, Mr. Peters committed *a burglary*.
（1997年10月14日ピータース氏は侵入盗事件を起こした）

(imprisoned for) ϕ burglary	(commit) a burglary

(5) a. The crime of *carjacking* has claimed numerous lives in America. （米国ではカージャックという犯罪で多くの生命が奪われている）

b. Mr. Harrison is accused of shooting a man to death in *a carjacking*. （ハリスン氏はカージャック事件で男性を射殺した罪で告訴されている）

類例： assault（暴行罪／暴行事件）; breach of contract（契約違反の罪／契約違反行為）; conspiracy（謀議／陰謀事件）; crime（犯罪／犯罪行為）; deception / fraud（詐欺罪／詐欺事件）; homicide（殺人罪／殺人事件）; kidnapping（誘拐罪／誘拐事件）; massacre（虐殺／虐殺行為）; murder（謀殺罪／殺人事件）; robbery（強盗罪／強盗事件）; theft（窃盗／盗難事件）

処刑名と刑罰との関係にも，犯罪名と事件と同様な区別が見られます。

(6) a. He could have faced *execution* if convicted of that plot. （彼は陰謀で有罪とされていたら死刑になる可能性もあった）

b. Texas postponed an *execution*.
（テキサス州は処刑実施を延期した）

(7) a. *Hanging* is still legal in some countries.
（絞首刑はいくつかの国では今でも合法だ）

b. In an editorial, the same newspaper said *a hanging* was planned for that night. （同紙の社説によると，その夜絞首刑を行う案があったとのことだ）

(8) a. There are strong arguments for and against capi-

tal *punishment*.
(死刑に関しては賛成と反対の激しい議論がある)

b. The proposal to use castration as *a punishment* for sex crimes re-emerged in the 1980's.
(性犯罪に対する罰として去勢するという提案が1980年代に再浮上した)

5.2. 治療法と施術

治療法と施術とにも，不定冠詞の有無に関する規則的な区別が見られます。治療法は行為者不定の抽象概念なので無冠詞で用いられますが，その実現としての施術は個別行為なので冠詞付きで用いられます。

(9) a. Mrs. Herrera's baby boy was delivered by emergency *Caesarean*.
(ヘレラ夫人の男の赤ちゃんは緊急帝王切開で生まれた)

b. The doctors performed *an* emergency *Caesarean*.
(医者たちは緊急帝王切開を行った)

(10) a. *Massage* in this country has always been considered a luxury experience. (この国ではマッサージ療法は贅沢な経験だとずっと思われてきた)

b. He stretched and received *a massage* during the rain delay. (雨で試合開始が延期されているあいだ，彼は寝そべってマッサージを受けた)

類例： amputation（切断術／切断）; transfusion（輸血法／輸血）; treatment（治療法／治療(薬)[投与]）

(11) では「検査法」と「実施」という区別が見られます。

(11) a. None of the animals were preserved for *autopsy*.
(検死のために保存された動物はいなかった)
   b. The minimum fee for *an autopsy* is $2000.
(検死の最低料金は 2 千ドルだ)
   類例: biopsy (生検法／生検)

手術名も治療の一環としてとらえられれば無冠詞で用いられ、施術の一種としてとらえられれば不定冠詞をとります。

(12) a. If this treatment doesn't help, the polyps can be removed surgically — a procedure known as *polypectomy* — although they may recur.
(この治療法が役に立たなければ、ポリープは外科的に——ポリープ切除法と呼ばれる処置で——切除される。ただし再発することもある)
   b. Bleeding can occur several days after *a polypectomy*.
(ポリープ切除手術の数日後に出血することがある)
   類例: hysterectomy (子宮摘出(法)); radical prostatectomy (前立腺全摘出(法)); mastectomy (乳房切除(法))

単数形の surgery (手術) は (数値により限定される場合——例 (13c)——を除き) 無冠詞用法がふつうです。しかし、最近は a surgery という言い方も散見されます。(とはいえ、日本人は (13b) のような言い方は避けるほうが無難です。"(two / three) surgeries" は以前から可能です。operation (手術) は [C] 扱いされます。)

(13) a. Hingis first underwent *surgery* on her right ankle in October 2001. (ヒンギスは2001年10月に右足首の最初の手術を受けた) (BBC, 2003, Feb 14)

　　b. Anton underwent *a surgery* on his nose. (アントンは鼻の手術を受けた) (BBC, 2005, Apr 12)

　　c. For *a* two hour *surgery* you have to sit down for at least one hour. ((医者は) 2時間の手術に少なくとも1時間の座業をしなければならない) (BBC, 2002, Jun 20)

5.3. 病名と症状

　しばしば指摘されているように，病名は通例 [U] です (Berry (1993: 49), Swan (1995: 69))。これは，病気の多くはいつ罹患(りかん)しいつ治癒したかよくわからず，病状も細かな点では患者ごとに異なるためです。本書のことばで言い換えれば，病名や体調不良は，多くの場合，まとまった姿かたちをもたないので，原理II (姿かたちの有無) により，無冠詞で用いられるのです。日本人にとってわかりにくいのは，ある文脈では無冠詞で用いられる病名が，別の文脈では冠詞付きで用いられるとき，意味に違いがあるのかないのか，あるとすれば，冠詞の有無によってどのように意味が異なるのか，ということです。以下，無冠詞で用いられる病名，冠詞付きで用いられる病名 (単数形および複数形)，冠詞の有無によって意味が異なる病名という順に見ていきます (§8.2.6; §8.3.3 も参照)。

5.3.1. 病名 [U]

(14) a. One of the big causes of *insomnia* is stress.
(不眠症の大きな原因のひとつはストレスだ)

b. A chest X-ray revealed *pneumonia*.
(胸部レントゲンで肺炎だとわかった)

類例: anaemia (貧血); aphasia (失語症); hypothermia (低体温症); hysteria (ヒステリー); leukemia (白血病); malaria (マラリア); myopia (近視); paranoia (偏執病); Schizophrenia (統合失調症); diarrhea (下痢); nausea (吐き気)

(15) a. I thought it might be *agoraphobia*.
(広場恐怖症かもしれないと思った)

b. Scents like cucumber or green apple, in very light doses, can ease *claustrophobia*.
(キュウリや青リンゴの香りは、ほんの少し嗅ぐだけで、閉所恐怖症を和らげるのに役立つ)

c. Because of a childhood trauma, he suffers from *hydrophobia*. (彼は子どものころのトラウマのため、恐水病に苦しんでいる)

参考 1 phobia [C]
単独の phobia ('fear') は、複合語の agora-/claustro-/hydro-phobia などと異なり、可算名詞扱いされます。

(i) I've got *a phobia* about worms. (私は虫恐怖症だ)
(ii) Some people have *phobias* about bridges, some about elevators.
(橋恐怖症の人もいるし、エレベーター恐怖症の人もいる)

5 個別事例には冠詞あり

(16) a. *Arthritis* in her ankles sidelined her.
   (彼女は両くるぶしの関節炎のため出場できなかった)

   b. All it did was give me headaches and *bronchitis*.
   (結局そのため頭痛と気管支炎になった)

   類例: conjunctivitis (結膜炎); encephalitis (脳炎); gingivitis (歯肉炎); hepatitis (肝炎); meningitis (髄膜炎); tonsillitis (扁桃腺炎)

(17) a. *Asbestosis* and *silicosis* are both lung diseases caused by inhaling dust. (石綿症と珪粉症はどちらも埃を吸い込むことによって引き起こされる肺の病気だ)

   b. *Osteoporosis* is a serious and costly disease.
   (骨粗しょう症は深刻で, 金のかかる病気だ)

   類例: arteriosclerosis (動脈硬化症); arthrogryposis (関節拘縮症); cirrhosis (肝硬変); cystic fibrosis (嚢胞性繊維症); elephantiasis (象皮病); neurosis (ノイローゼ); psoriasis (乾癬); sclerosis (硬化症)

(18) a. Five million Americans have *heart failure*.
   (米国人の5百万人は心不全だ)

   b. Symptoms of *kidney failure* include lethargy, loss of appetite and vomiting.
   (腎不全の兆候には, 脱力感, 食欲不振, 嘔吐がある)

   類例: liver failure (肝不全); renal failure (腎不全); multiple organ failure (多臓器不全)

   [注:『ランダムハウス』には (a) heart failure という例がありますが, heart / kidney failure などは無冠詞がふつうです。ただし, 形容詞を伴えば, 不定冠詞が必要になります (例: a fatal heart failure)]

(19) a. Johnny has *Down syndrome*.
(ジョニーはダウン症だ)

b. *Aids* [*Acquired Immune Deficiency Syndrome*] is spread mainly by sexual contact.
(エイズは主として性的接触によって広がる)

類例: Goltz syndrome (ゴルツ症); Sudden Infant Death Syndrome (幼児突然死症候群)

比較: I thought this was our own quirk, but it seems to be *a* common *syndrome* in families.
(我々だけの癖だと思っていたが，多くの家庭で共通の特徴のようだ)[「特徴」という意味では可算名詞]

その他: angina pectoris (狭心症); anthrax (炭疽病); asthma (喘息); athlete's foot (水虫)[単数形で用いる]; cerebral palsy (脳性麻痺); cholera (コレラ); dysentery (赤痢); diabetes (糖尿病); Ebola (エボラ出血熱); flatulence (腹の張り); frostbite (凍瘡); frost nip (凍傷); gangrene (壊疽); glioblastoma (膠芽細胞腫); gout (痛風); guinea worm (ギニア虫病); heartburn (胸やけ); high blood pressure (高血圧症); hypertension (高血圧); incontinence (失禁); indigestion (消化不良); influenza (インフルエンザ); jaundice (黄疸); leprosy (ライ); lupus (狼瘡); malaria (マラリア); malnutrition (栄養失調); Marburg (マールブルグ病); polio (ポリオ); rabies (狂犬病); thrush (鵞口瘡); tuberculosis (結核); yellow fever (黄熱病); typhus (チフス); altitude / radiation sickness (高山病／放射線病); heart /

liver / guinea-worm disease（心臓病／肝臓病／ギニア虫病）; mental illness（精神病）

以下の病名は歴史的には複数形ですが，現代英語では単数不可算名詞として用いられます。

(20) If you've already had *measles*, you can't get it again.
（すでにはしかにかかっているのなら，2度とかかることはない）［単数一致］(Swan (1995: 138))

(21) *Smallpox* has been eradicated.
（天然痘は撲滅された）［単数一致；古い綴りは small-pocks (-s は複数を表す)］

5.3.2. 病名 [C]

可算名詞扱いされる病名はあまり多くありません。大半は比較的ありふれた病名です。

(22) He had *a cataract* removed.
（彼は白内障部分を取り除いてもらった）［一方の目の白内障部分； glaucoma（緑内障）は不可算名詞］

(23) You can avoid *a hangover* if you don't drink to excess.（飲み過ぎなければ二日酔いにならなくて済む）

(24) He had *a hernia* operated on and is now well.
（彼はヘルニアの手術をうけて今は回復している）

(25) I nearly gave myself *a rupture* lifting that bookcase.
（あの本箱をもち上げてヘルニアになるところだった）

　類例：　cavernoma（カヴェルノーマ）

5.3.3. 病名 [U, C]

本節では，病気を表す名詞が，無冠詞のときと不定冠詞付きのときとで，どのような相違があるかを考えます。

まず，地域差による例をあげておきます。たとえば，cramp（痙攣(けいれん)）は冠詞が付いていても付いていなくても意味に違いはないように見えます。

(26) a. After swimming for half an hour I started to get *cramp* in my legs.
(30分泳いだら脚が痙攣しかけた)（OALD[5]）

b. After running, he got *a cramp* in his leg.
(彼は，走ったら脚が痙攣した)（NHD）

この場合，不定冠詞の有無は地域差によるものです。CIDE は次のように明記しています。

(27) I've got (Br and Aus) *cramp* / (esp. Am) *a cramp* in my foot.
(脚が痙攣 [〈英・豪〉cramp／特に〈米〉a cramp] した)

critical condition（危篤状態）の用法にも英米で相違があります（第8章 (64), (65) も参照）。

(28) a. At least seven were reported in *critical condition*.
(少なくとも7人が危篤状態だと報ぜられた)［主に〈米〉］(CNN)

b. Six of his fellow hunger strikers are in *a critical condition*. (彼の同志のハンスト参加者の6人が危篤状態だ)［主に〈英〉］(BBC)

以下，英米共通で冠詞付きでも無冠詞でも用いられる病名のうち allergy（アレルギー），cancer（ガン），cold（風邪），-ache（〜痛）を取りあげて，可算性による意味の違いを述べていきます。（これら以外の病名については，樋口 (2003) 参照。）

(29) a. But if a kid has symptoms of *allergy*, headaches, nausea, etc., call a pediatrician and get some kind of screening for toxic poisoning.
(しかし，もしも子どもにアレルギーの兆候――頭痛や吐き気など――があれば，小児科医に電話して，中毒の検診スクリーニングをしてもらいなさい)

b. Among the drugs to consider are antihistamines, which block the symptoms of *an allergy*, such as watery eyes and runny nose.
(考えるべき薬に抗ヒスタミン薬がある。これは(なにかによる)アレルギーの兆候――涙目や鼻水――を抑制する)

c. I never had *allergies* before.
(これまでアレルギー(反応)が出たことはない)

(29a) が無冠詞であるのは allergy を個々の症例の根本原因として抽象的にとらえているからです。(29b) で不定冠詞が付けられているのは，特定のアレルゲンにより引き起こされる特定のアレルギー反応を指すからです。たとえば，ぶたくさアレルギーとかだにアレルギーといった特定のアレルギーが考えられています。事実，もしも allergy に原因物質である to NP が続けば，a / an（または他の限定詞）が必要です（例：an allergy to eggs / peanuts / tobacco smoke）。(29c) が複数形であるのは，くしゃみが出る，涙が出る，鼻水が出る，目がかゆい，といったアレル

ギーの諸症状を指しているからです。(一部の辞書は allergy の可算性に関して [C] しか表記していませんが，実際には，上例のように [U] 用法もあります。)

次は cancer の例です。

(30) a. He said, 'Your son has *cancer*.'
(「息子さんはガンです」と彼は言った)
b. The Governor sought to surgically remove *a cancer*. ((Cuomo) 知事はガン組織を外科的に切除する方法を探った)
c. And still others had developed *a* rare *cancer*.
(さらに別の人たちはまれな(種類の)ガンを発症した)
d. Early *cancers*, it was argued, were more curable.
(初期のガンはより治癒しやすいことが論ぜられた)
e. Ninety per cent of *lung cancers* are caused by smoking. (肺ガンの9割は喫煙が原因だ)

cancer は，「ガン」という病気を指す場合は，身体部位が先行するときも，進行の程度を表すときも，冠詞をとりません (例: bone cancer (骨ガン); breast cancer (乳ガン); lung cancer (肺ガン); stomach, breast, prostate and lung cancer (胃ガン, 乳ガン, 前立腺ガン, および肺ガン); stage three cancer (第3段階のガン))。他方，(30b) の a cancer は「ガンに冒された細胞，ガン組織」を指します。ガンの種類・様態に言及するときも，(30c) のように，a / an をとります (類例: a dangerous / fatal / slow-growing cancer: ☞ §4.3)。(30d, e) はさまざまな種類・症例のガンをまとめた表現です。(ガンの病巣は正式には malignant tumor [C] と言います。)

5　個別事例には冠詞あり　　105

次は cold（風邪）の用法です。

(31) a. She caught *cold* yesterday.
    （彼女はきのう風邪を引いた）
  b. The day before he was to leave, he caught *a vicious cold*.　（彼は出発の前日，ひどい風邪を引いた）

(31a) のような無冠詞の cold は諸症状から抽象化された「風邪」という病気を指し，無冠詞で使われます。ところが，「風邪」であっても形容詞によって修飾されれば，cold は不定冠詞をとります。これは，種類あるいは様態が限定されるため（☞ 第4章），どのような風邪であるかイメージ化可能になるからです。形容詞なしで catch a cold と言うときも，話し手は特定の症状あるいは期間を示唆しているのです。

次に，-ache を含む語群を見ます。

(32) a. Blowing your nose too hard can cause *earache*.
    （鼻を強くかみすぎると耳が痛くなる）
  b. He complained of *an earache*.
    （彼は耳の痛みを訴えた）
  c. When I was a child I used to get terrible *earache(s)*.
    （私は子どものころひどく耳が痛くなることがよくあった）

上の (32a, b) の無冠詞と冠詞付きの例は，同一辞書中 (CCED[3]) にあげられていて，「抽象概念」対「個別事例」という相違を示しています（この相違には動詞の意味の相違も関係しています：cause（一般的因果関係）／complain（個人的・個別的））。-ache で終わる語は，しばしば英米で用法に差が見られま

す。以下は Swan (1995: 138) からの引用です。

> The words for some minor ailments are countable: e.g. *a cold*, *a sore throat*, *a headache*. However, *toothache*, *earache*, *stomachache* and *backache* are more often uncountable in British English. In American English, these words are generally countable if they refer to particular attacks of pain. Compare:
> Love isn't as bad as *toothache*. (GB)
> Love isn't as bad as *a toothache*. (US)
>
> (いくつかの軽度の病気を表す語は可算名詞である。たとえば，a cold (風邪), a sore throat (喉の痛み), a headache (頭痛)。しかし，toothache (歯痛), earache (耳痛), stomachache (胃痛) および backache (腰痛) は〈英〉では不可算であることのほうが多い。〈米〉では，これらの語が特定の痛みを指すときは，通例，可算名詞である。比較せよ:
> Love isn't as bad as toothache.〈英〉
> Love isn't as bad as a toothache.〈米〉
> (恋は歯の痛みほど苦しくはない))

上の説明を裏づける例をあげておきます。(33a) はイギリス系の辞書，(33b) はアメリカ系の辞書からの引用です。(33a) では a がかっこに入っていることに注意してください。

(33) a. I've had (*a*) *stomach ache* all morning.
    (今朝ずっとお腹が痛かった) (CIED, s.v., ache)
  b. Don't gulp your food! You'll get *a stomach ache*. (食べものを呑み込まないように。お腹が痛くなるよ) (NTC, s.v., gulp)

すでに述べたように（例 (29)–(31)），いくつかの病名は修飾語句がないときは無冠詞で用いられますが，修飾語句により様態（あるいは種類・期間）が限定されれば不定冠詞をとります。たとえば，influenza / pneumonia はたいていの辞書では [U] 標示のみですが，種類あるいは様態が限定される文脈では不定冠詞が必要です。

- (34) a. More than 1800 Americans have died of *influenza* and *pneumonia* in the last three weeks.
    （1800人以上の米国人がこの3週間にインフルエンザと肺炎で亡くなった）［病名］
  b. The main fear is rapid airborne transmission from human-to-human of *a* deadly *influenza*.
    （主な心配は致命的なインフルエンザが人から人に空気感染することだ）［種類限定； flu / influenza はしばしば the をとる（☞ §8.3.3)］
  c. "*A* slight *pneumonia* is starting" in the left lung.
    （左肺が「軽い肺炎にかかりかけている」）

5.4. その他の個別事例

5.4.1. 具体物指示および同定構文

5.4.1.1. 具体物指示

名詞が多義語であり，そのうち一つの意味は，具体的事物を指すため，不定冠詞をとるという場合があります。これらの語は，辞書では，通例，同一語義の下位区分（1のa, b）あるいは別語義（1と2）としてあげられています（例: abrasion［摩耗／擦り傷］, forgery［詐欺／偽作］）。以下の (b) 文は斜字体の名詞が具体

物を指す例です。

(35) a. Plastic laminate has good resistance to staining, moisture and *abrasion*.
   (積層プラスチックは汚れや湿気，摩耗に強い)

  b. She had *a* small *abrasion* on her knee.
   (彼女はひざに小さな擦り傷をつくった)

(36) a. He spent 5 years in prison for *forgery*.
   (彼は文書偽造罪で5年間服役した) [犯罪名; ☞ §5.1]

  b. Close scrutiny of the document showed it to be *a forgery*.　(文書を精査したところ偽作だと判明した)

少し難しい語をあげておきます。plagiarism (剽窃(ひょうせつ)) は英和辞典では次のように記述されています。

　1 盗用，剽窃，2 盗用［剽窃］したもの．

[C] か [U] か標示されていなくても，1 が [U]，2 が [C] であることは容易に理解できます。他の語に関しても同様ですから，英和辞典に可算性の標示がないときは，訳語から推測してください。

(37) a. *Plagiarism* is almost always seen as a shameful act.
   (盗用はほとんどいつでも恥ずべき行為だとみなされる)

  b. The book is *a plagiarism* of a Dutch geography.
   (その本はオランダの地理学書の盗作だ)

5.4.1.2. 同定構文

直前の (37b) がそうであるように，"NP$_1$ is NP$_2$" という同定

を表す構文では NP₂ はしばしば不定冠詞をとります。この構文中の NP₂ は，多くの場合，特定の事物・行為など具体物を指示するので，文脈からまとまった情報を読みとれるからです。

(38) a. *Fashion* has never interested me.
    （流行に興味をもったことはない）
  b. This is *a* very popular *fashion* at the moment.
    （これが現在とても人気のある流行の品[型]だ）
(39) a. *Help* will be here soon. （じきに援助が来る）
  b. Having a word processor would be *a help*.
    （ワープロをもっていれば助かるだろう）

5.4.2. 個別行為

これまで英語の名詞が個別事例を表す環境を詳しく見てきましたが，まだ説明しつくすことはできません。名詞部の「まとまり」は名詞ごとに異なるということに加えて，形容詞や動詞，前置詞の意味的影響もうけるからです。以下，これらの影響も考慮しながら，個別事例を行為，状況および精神活動，内容，その他に分類して（この分類に明確な基準があるわけではありませんが）数例ずつあげておきます。

ここで言う個別行為は，本章冒頭の LDOCE³ (s.v., oscillation) の定義のように，開始・終了を含意する1回の行為を指します。（特定の様態を含意する行為名詞（例：bite / kiss / nap / run, etc.）はほぼ例外なく常に不定冠詞をとるので，ここでは取りあげません。）

以下の例の大部分は動詞から派生された名詞です。これらの行為名詞は，無冠詞で用いられるときは，特定不可能（または特定

不要)な行為者による行為を表します。たとえば，"Abortion is restricted."(中絶は制限されている)／"delivery at 36 to 38 week"(36〜38週での分娩)において 'abort'／'deliver' の論理上の主語は 'women in general'(女性一般)です。これに対し，"She decided to have / get an abortion."(中絶することに決めた)／"She had a difficult delivery."(難産だった)では，'abort'／'deliver' の論理上の行為者は 'she' であり，特定の1回の中絶／出産を指しています。つまり，無冠詞は抽象的・概念的行為を表し，不定冠詞は個別事例を表しています。

(40) a. The house was put up for *auction*.
(その家は競売に出された)

b. They're holding *an auction* of jewellery on Thursday. (彼らは木曜日に宝石類の競売会を開いている)

(41) a. No agreement was reached and both sides prepared to do *battle*.
(同意に達しなかったので，両者は戦いの準備をした)

b. Magellan was killed during *a battle* with natives.
(マゼランは地元民との戦いの際に戦死した)［combat／conflict／fight／jihad／rebellion／revolt／siege／struggle／war も同様に扱われる］

(42) a. He set up *camp* in a flat spot and tried to rest, with little success.
(彼は平地にキャンプ(形式の生活方法)を設けて休もうとしたが，ほとんどできなかった)［形式］

b. Shackleton's party set up *a camp* on the drifting ice.
(シャクルトン隊は流氷の上に基地を設営した)［具体物］

5　個別事例には冠詞あり　　111

(43) a. The shuttle smoothly settled into *orbit* around the Earth. （シャトルは順調に，地球を回る軌道に入った）［高度・形状など無指定］

　　b. The space vehicle settled into *an orbit* around Mars. （宇宙船は火星を回る軌道に入った）［話し手の描く高度・形状をもつ軌道］

　　c. Gagarin made *a* single *orbit* of the Earth, returning 108 minutes after liftoff. （ガガーリンは地球を1周して，打ちあげから108分後に帰還した）［軌道1周］

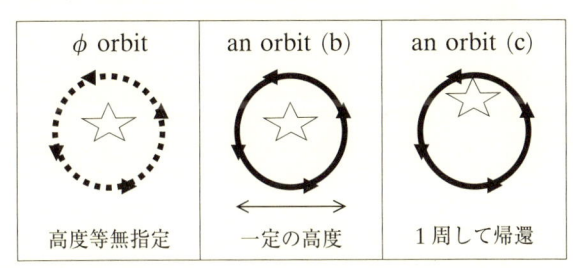

φ orbit	an orbit (b)	an orbit (c)
高度等無指定	一定の高度	1周して帰還

5.4.3. 状態・精神活動

(44) a. Hundreds of thousands of North Koreans may have died in *famine* exacerbated by the North's inefficient Communist system of agriculture. （北の非効率的な共産主義の農業制度によって悪化した飢饉のため，数十万人の北朝鮮の人民が死亡したかもしれない）［飢饉状態］

　　b. At least 2m North Koreans are believed to have died in *a famine* during the 1990s. （少なくとも2百万人の北朝鮮の人民が1990年代の飢饉で死亡したと信じられている）［特定期間の飢饉］

(45) a. Georgina was put in his lap — no longer crying, but shaking with *fright*.
（ジョージナは膝の上にだっこされた。もう泣いてはいなかったが，恐怖で震えていた）［抽象概念］

b. The snake picked up its head and stuck out its tongue which gave everyone *a fright*.
（蛇が頭をもたげて舌を出したので，みんな怖い思いをした）［蛇が引き起こした恐怖］

(46) a. It sounds fine in *theory*, but will it work (in practice)?
（理論上はよさそうだが，（実践で）役に立つだろうか）

b. Scientists have advanced *a* new *theory* to explain this phenomenon. （科学者たちはこの現象を説明するのに新理論を提唱した）［個別事例］

5.4.4. 内　容

(47) a. If the three parties cannot reach *agreement* now, there will be a civil war. （3党がいま合意に達することができなければ，内戦が起きるだろう）［抽象概念］

b. What happens if the warring parties fail to reach *an agreement*? （対立中の政党同士で協定が成立しなければどうなるだろう）［特定の協定・取り決め］

(48) a. They hold traditional beliefs rooted in *custom* and culture. （伝統と文化に根付いた伝統的信念を抱いている）［総体的］

b. Li Yu, a popular 17th-century Chinese writer, describes gay marriage as *a* common *custom* in the Fujian province. (17世紀の中国の著名作家である李漁の記すところでは，男色の結婚は福建省ではよくある習慣であるとのことだ)［個別的；しばしば修飾語句を伴う；habit / routine / tradition も同様に扱われる］

(49) a. *Fate* brought us something else.
(運命はある別のものを我々にもたらした)［擬人的］

b. I wouldn't wish such *a fate* on my worst enemy.
(最悪の敵にさえもそのような運命は願わないだろう)［fate の内容含意］

参考： *Fortune* smiled on him. (運命が彼に微笑んだ)／You're in *luck* — there's one ticket left. (ラッキーですね。チケットは残り1枚です)［fortune / luck は「幸運」の意味では a / an をとらない］

5.4.5. その他

(50) a. Paper money replaced all but smaller denominations of *coin*. (より少額の硬貨を除いて，紙幣が全面的に取って代わった)［制度・形式］

b. Let's toss *a coin* to see who goes first.
(硬貨を投げてだれが最初に行くか決めよう)［具体物］

(51) a. We want *democracy* and freedom of expression.
(我々は民主主義と表現の自由が欲しい)［制度・形式］

b. Americans live in *a democracy*.
(米国人は民主主義国家に住んでいる)［制度が実現された国］

(52) a. Within minutes, the building was engulfed in *fire*.
(数分以内に，その建物は火につつまれた)［形状・範囲非限定］

b. In 1904, the city of Baltimore was engulfed in *a fire* that lasted for more than 30 hours. （1904年ボルティモアの町は火につつまれ，それは30時間以上も続いた）［関係詞節により限定された火事；☞ §4.4.2］

(53) a. Haylee's kidneys began showing *improvement*, and she was taken off dialysis. （ヘイリーの腎臓は回復を見せはじめ，透析をはずされた）［行為・過程］

b. So far, 75 per cent have reported *an improvement* in their condition. （これまでのところ，75パーセント（の者）が状態の改善を報告している）［改善の結果（個別事例）；ちなみに，類義語のprogressは不定冠詞をとらない］

6 複数形にも a / an が付く

6. 原理 VI（a / an + 複数形）

驚く人もいるでしょうが，a / an が複数形といっしょに使われることがあります。そのときの条件は，必ず形容詞（相当語句）（現在分詞および過去分詞を含む）と数詞が付く，ということです。これをもう少し厳密に述べて，原理 VI と呼ぶことにします：「**英語の名詞部は，"形容詞（相当語句）＋数詞＋名詞複数形"という構造のとき，不定冠詞をとる。**」この構造では，形容詞（相当語句）により "数詞＋名詞" の内容が限定されるので，不定冠詞が必要とされるのです。したがって，原理 VI は原理 IV（限定と非限定）が名詞複数形に適用されたケースと言えます。

原理 VI

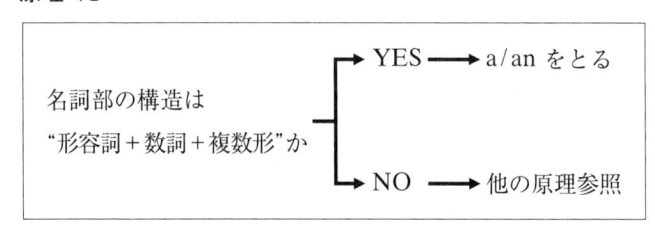

```
                              ┌─→ YES ──→ a/an をとる
名詞部の構造は              │
"形容詞＋数詞＋複数形" か ──┤
                              └─→ NO  ──→ 他の原理参照
```

この原理がもっとも頻繁に観察されるのは名詞部が estimated

(推定で) を含むときです。

(1) There are *an* estimated 1.5 million HIV *carriers* in the country.
(国内に推定 150 万人の HIV 感染者がいる)［複数一致］

(2) *An* estimated 1200 *refugees* have fled Bihac.
(推定 1200 人の難民がビハーフから逃れた) (Bihac は Bosnia and Herzegovina 内の都市名)［複数一致］

例 (1), (2) が示すように, "a / an + 名詞複数形" 構文は複数形の動詞といっしょに使われます。

extra (余分な) を含む例もしばしば見られます。[1]

(3) He gave me *an* extra five *pounds* for two hours' work. (彼は 2 時間の仕事に 5 ポンド余分にくれた)

(4) Another third lived for *an* extra 6 *weeks* instead of dying within two to three. (別の 3 分の 1 は 2〜3 週間で死亡することなく, もう 6 週間生きのびた)

estimated / extra のほか, 強意的 (もしくは感情的) な形容詞 (相当語句) も自由にこの構文を作ります。

(5) Spader glided across the finish line *a* full 100 *meters* ahead of the second-place Lexington anchor.
(スペーダーはすべるようにゴールテープを切り, 2 着のレクシントンの最終走者よりまる 100 メートル先行していた)

---

1. "数詞 + extra + 名詞複数形" という語順も可能です。このときは a / an は不要です。

(i) Allow *five extra minutes* for bathroom breaks.
(風呂での休息に 5 分ほど余分に時間をとりなさい)

6 複数形にも a / an が付く　117

(6) He was outweighed by *a* good 125 *pounds*.
（彼のほうが125ポンドも体重が少なかった）

(7) Proud Jessie, 88, boasts *an* amazing 13 *children*, 61 *grandchildren*, 156 *great-grandchildren* and 30 *great-great-grandchildren*. （鼻高々のジェッシー（88歳）は驚異的な子ども13人，孫61人，曾孫156人，玄孫30人を自慢にしている）[an amazing は孫以下も修飾]

(8) In July 1967, the number of US forces fighting in Vietnam reached *an* astonishing 500000 *soldiers*.
（1967年7月ベトナムで戦っている米軍の数は驚くべき50万兵に達した）

(9) This tiny seabird flies *an* astounding 40000 *miles* in 200 days, covering the entire Pacific Ocean in search of food. （この小さい海鳥は，食べものを求めて太平洋の端から端まで，200日で驚異的な4万マイルを飛翔する）

(10) *A* staggering 600000 *copies* are in print.
（なんと60万冊も出版されている）

(11) The average width of the Amazon is *a* surprising five *miles*. （アマゾン川の平均川幅は驚異的な5マイルだ）

少数・少量を表す形容詞もしばしばこの構文で用いられます。

(12) Her album sold *a* mere 10000 *copies* in its first week.
（彼女のアルバムは最初の1週間でわずか1万部しか売れなかった）

(13) He weighs *a* paltry 6.3 *kilos*.
（彼の体重はわずか6.3キロだ）

(14) World-champion hot dog eater Takeru Kobayashi of Japan weighs *a* scant 131 *pounds*.

(ホットドッグの早食い世界チャンピオン，日本人の小林尊氏は体重わずか 131 ポンドだ）[world-champion hot dog eater は肩書き扱い；☞ §1.2]

上記以外にもさまざまな形容詞（相当語句）が "数詞＋名詞複数形" とともに用いられて a / an をとります。

(15) For *a* brief 15 *minutes*, we all raced at *a* soaring 40 *miles* per hour (in my case, *a* sauntering 30 *m*ph).
（わずか 15 分間だが，われわれはみな天かける時速 40 マイルで駆け回った（私の場合はのろのろの時速 30 マイルだったが））

(16) The sun has risen, but the air is still *a* chilling 17 *degrees*. （太陽は昇ったが，まだ空気は肌寒い 17 度だ）

(17) The Tigers broke the record by *an* enormous 21 *seconds* or five boat *lengths*.
（タイガースは大差の 21 秒差，つまり 5 挺差で記録を破った）

(18) The Tecra M1 lasted *an* eye-popping 7 *hours*, 6 *minutes*, and the IBM ThinkPad *an* impressive 6 *hours*, 33 *minutes* in battery tests.
（バッテリーテストで Tecra M1 は目を見張る 7 時間 6 分も持続し，IBM の ThinkPad は見事な 6 時間 33 分の持続だった）

(19) It took us *an* exhausting 21 *minutes* to get from the ticket counter to the most distant gate. （切符売場から一番遠いゲートまで行くのに 21 分もかかって疲れ切った）

(20) She won eight more titles in 1979, giving her *an* incredible 17 *victories* in just two years.
（彼女 (Nancy Lopez) は 1979 年にもう 8 個タイトルをとり，わずか 2 年で驚異的な 17 勝に達した）

(21) "It's been *a* nice 22 *years*," she said.
(「すばらしい 22 年だったわ」と彼女は言った)

(22) It has not been *a* pleasant 24 *hours* for Michael Chang.
(マイケル・チャンにとっては楽しい 24 時間ではなかった)

(23) Anthony Newley tried to cross the Mexican border with *a* stolen million *dollars*. (アンソニー・ニューリーは盗んだ 100 万ドルをもってメキシコ国境を越えようとした)

(24) But the water was *a* warm 72 *degrees*!
(しかし,水温は暖かい 72°F だった)

これまであげてきた例文の語順は "a / an + 形容詞 + 数詞 + 名詞複数形" でした。本章の注 1 でも述べたように,"数詞 + 形容詞 + 名詞複数形" という語順も可能です。このときは a / an は付きません。

(21′) He has given nine *nice years* to this team.
(彼はこのチームにすばらしい 9 年をもたらした)

(22′) After six *pleasant hours* on the river, we reached Pakbeng. (川での楽しい 6 時間ののち,私たちはパックベンに到着した)

(21), (22) も (21′), (22′) も正しい語順ですが,用法に違いがあります。(21), (22) は時間的に連続している場合に用いられるのに対し,(21′), (22′) は途中に中断がある場合でも使用可能です。言い換えれば,(21), (22) が a / an をとるのは「ひとまとまり」を表しているからです。これに対し,(21′), (22′) は意味的に必ずしも「ひとまとまり」を表していないので a / an は

付けられません。加えて，a/an は数詞（hundred/thousand など桁を表す語を除く）の直前には置かれないという制約もあります（例：×a three pleasant years）。

a pleasant three years
⟵　3 years　⟶

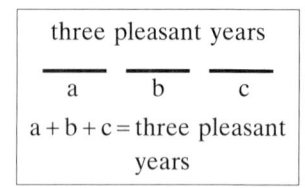

three pleasant years
a　　　b　　　c
a + b + c = three pleasant years

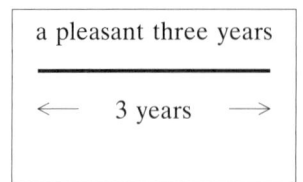

　最後に，誤解のないよう，これまでの構造とは異なる例をあげておきます。下の例では a/an に後続する名詞は，-s で終わっていますが，単数扱いされるので，本章であげた例とは異なります。a/an が，形容詞（相当語句）や数詞なしで，名詞複数形といっしょに用いられているのではありません。

(25) Eventually *a gallows* was built inside the city.
　　 (とうとう市内に絞首台がつくられた)［単数一致；本章の例(1), (2)と比較］

gallows のほか，次のような語も -s で終わっていますが，単数扱いされます：bellows（ふいご）; crossroads（岐路）; headquaters（本部）; means（手段）; shambles（修羅場）。

7 a / an に関するその他の問題

7. 本章の目的

本章では，a / an があるときとないときとで，どのような意味の違いがあるかについて述べます。加えて，「総称用法」についても概観します。

7.1. タイプ: a cup and saucer

and で結ばれた二つ (以上) の名詞が一つの事物として認識されるとき，不定冠詞は最初の名詞の前にだけ付けられます。もっともわかりやすいのは，次のように2種類の液体がミックスされて一つの製品 (この場合，飲み物) が作られるときです。

(1)　He mixed her *a gin and tonic*.
　　　(彼は彼女用にジントニックを1人分つくった)
(2)　*A whisky and soda*, please.
　　　(ウイスキーソーダ1杯お願いします)
　類例: a lager and lime (ライム入りラガー); a gin and orange (オレンジ入りジン); a vodka and lime (ライム入りウオッカ)

普通名詞同士が and で結ばれるときも同様です。二つ（以上）の事物が集まって一つのセットを構成するとみなされれば，2番目の名詞には a / an は付きません。

(3) I have *a cup and saucer* with a picture of George Washington. （ジョージ・ワシントンの絵が描かれている，受け皿付きのカップを持っている）

比較： Interestingly, the police records have clearly mentioned that two glasses, *a cup* and *a saucer* were sent to the fingerprints experts.
（興味深いことに，警察の記録にはっきりと書かれているのだが，グラス2個とカップ1個，ソーサー1枚が指紋の専門家のもとに送られたのだった）

a cup and φ saucer	a cup and a saucer

(4) Let's arrange *a time and place* for our next meeting.
（次回の会議の時間と場所を決めよう）

(5) build sandcastles with *a bucket and spade*
（バケツと手鍬（てすき）で砂の城をつくる）

類例： a basin and ewer（水差し付きの洗面器）; a chequebook and card（小切手帳とカード）; a hook and eye（かぎホック）; a hook and line（糸の付いた釣り針）; a horse and cart（荷馬車）; a knife and fork（ナイフとフォーク）; a needle and cotton（木綿糸を通した針）; a needle and thread（糸を通した針）; a rod and reel

(リール付きの釣り竿); a shampoo and conditioner (シャンプーとコンディショナーのセット); a suit and tie (スーツとネクタイ); a writer and producer (脚本家兼演出家)

名詞が修飾語句を伴うこともあります。修飾語句が最初の名詞の前に置かれれば,それはセット全体を修飾していると解釈するのが自然です。後ろの名詞のみを修飾するときは,修飾語句は,当然,後ろの名詞の前に置かれます。

(6) My father bought *a china cup and saucer* about 40 years ago at an antiques store. (父は40年前, 骨董屋で磁器製の受け皿付きカップを購入した)

(7) They found him holding *a knife and barbecue fork*. (彼らは, 彼がナイフとバーベキューフォークをもっているところを見つけた)

類例: a close ally and friend (側近にして友人); a leather jacket and vest (革ジャンとベスト); a mismatched noun and verb (対応しない名詞と動詞); a book and accompanying cassette (本と付属のカセット)

同一人物の二つ(以上)の特徴を述べるときには後ろの名詞には a / an が付かないこともありますが,それぞれを別々の役割(または能力)として提示するときは不定冠詞が反復されます(例 (3) の比較も参照)。

(8) Ben's *a wonderful husband* and *father*. (ベンはすばらしい夫であり父親だ)[同一人物であることに力点]

(9) She was *a distinguished scientist* — and *a gifted painter* into the bargain.（彼女は卓越した科学者だった，その上，有能な画家でもあった）[別々の役割であることに力点]

(10) He's *an artist*, *a scientist* and *a businessman* (all) rolled into one.（彼には画家，科学者，ビジネスマンが（すべて）ひとつにまとまっている）[同上]

7.2. 一見同義表現

辞書には a / an がかっこ内に入っている例もあります。[1] これは意味に大差がないからではありますが，すでに述べたように（☞ §2.6.2; §4.4），厳密には，「範囲非限定」対「限定」（＝「抽象概念」対「個別事例」）あるいは「物質」対「製品」というような相違があると考えるべきです。以下，a / an の有無による解釈の違いを例示します。

(11) Her theory was quoted without (*an*) *acknowledgement*.（彼女の理論が感謝（のことば）なしに引用された）[抽象概念と個別事例（行為と文言）]

---

1. 本節の例は *Oxford Advanced Learner's Dictionary* (OALD) 第5版 (1995) によります。OALD[5] には a / an がかっこ内に入っている例がいくつか見られますが，OALD[6] (2000), OALD[7] (2005) および OALD[8] (2010) ではそのような例はほとんどありません。これは編纂方針の変化によるためであって，最近の数年で多くの名詞(部)が a / an をとるようになったというわけではありません。

7 a / an に関するその他の問題　125

φ acknowledgement	an acknowledgement
	"I am indebted to Ms A's theory on …"

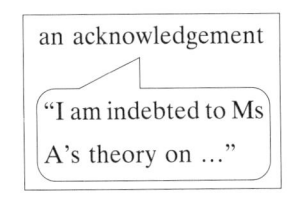

(12) singing with (*a*) *piano accompaniment*
(ピアノの伴奏に合わせて歌う)［抽象概念と個別行為（伴奏者など非含意と含意）］

(13) set up (*a*) *business*
(事業を始める)［抽象概念と個別事例（特定の業種非含意と含意）］

(14) What (*a*) *cheek!*
(なんて厚かましい（行為だ））［抽象概念と個別行為（厚かましさの具体的内容非含意と含意（または特定の行為））］

(15) The two parties have reached (*a*) *consensus*.
(両党は（ある）合意に達した)［抽象概念と個別事例（合意の具体的内容非含意と含意）］

(16) The general tried to avoid (*an*) *engagement* with the enemy.　(将軍は敵と交戦するのを避けようとした)［抽象概念と個別事例（交戦方法など非含意と含意）］

(17) (*an*) *inversion* of normal word order
(ふつうの語順の倒置)［抽象概念と個別事例（文法概念と個別表現例；☞ §2.4)］

(18) There is still (*a*) social *stigma* attached to being unemployed.　(いまだに失業には社会的汚名が着せられる)［抽象概念と個別事例（汚名の具体的内容非含意と含意）］

(19) She made him cook the dinner as (*a*) *penance* for forgetting her birthday.　(彼女は，彼に誕生日を忘れてい

たことの罪滅ぼしに夕食の料理をさせた）［抽象概念と個別行為（この例では，料理すること）］

(20) take a car in for (*a*) s*ervice* after 6000 miles
（6千マイル走行後に車をサービスに出す）［抽象概念と個別行為（この例では，点検項目非含意と含意（例：オイル交換））］

(21) The bowler gave (*a*) *spin* to the ball.
（ボーラーはボールにスピンをかけた）［抽象概念と個別行為（スピンの速度・方向など非含意と含意）］

(22) Negotiations have reached (*a*) *stalemate*.
（交渉は膠着状態になった）［抽象概念と個別事例（膠着状態の様態非含意と含意，または一時性非含意と含意）］

(23) The railway line was closed because of (*a*) *subsidence*. （鉄道は地盤沈下のため閉鎖された）［抽象概念と個別事例（沈下の幅・深さなど非含意と含意）］

(24) agitation: (*a*) public *protest* about or discussion for or against sth （社会運動＝なにかに関する公的抗議，または賛成あるいは反対の討議）［抽象概念と個別行為（具体的な行為・方法など非含意と含意）］

(25) colloquy: (*a*) *conversation*
（会談＝話し合い）［抽象概念と個別行為（具体的内容非含意と含意）］

(26) insecticide: (*a*) chemical *substance* made and used for killing insects, esp. those which eat plants
（殺虫剤＝虫，特に植物を食べる虫，を殺すために生産され使用される化学物質）［物質と製品］

(27) You'll be under (*an*) *anaesthetic*, so you won't feel a thing. （麻酔(薬)が効いてくるので，何も感じないだろう）［働き（または物質）と製品］

(28) (*a*) *fruit cocktail*

(フルーツカクテル（一杯））［物質と製品］

(29) dressed in (*a*) grey *pinstripe*
(グレーの細縞（のスーツ）を着ている）［デザインと製品］

(30) a wooden jewel-box with (*a*) gold *inlay*
(金の象眼細工がほどこされた木製の宝石箱）［手法と製品；☞ §2.4］

(31) He was ordained (as *a*) *priest* last year.
(彼は，昨年，司祭に任ぜられた）［働きと個人］

(32) The principal often acts as (*a*) *referee* for his students. （校長はしばしば生徒たちの仲裁者（という役割）を務める）［働きと個人］

(33) The car is available with (*a*) black or red *trim* (ie seat covers). （車を購入すれば黒か赤の内装がつく）［物質（集合名詞扱い）と具体物（特に，シートカバー）］

(34) The question of which state the area should belong to was decided by (*a*) *plebiscite*.
(その地域がどちらの州に帰属するかという問題は住民投票によって決定された）［手段と個別行為］

(35) There is (*a*) close *affinity* between Italian and Spanish. （イタリア語とスペイン語には密接な類似（箇所）がある）［抽象概念と具体物］

(36) We tied his feet together with (*a*) *rope*.
(ロープで彼の両足をしばった）［物質と具体物（長さ非含意と含意（☞§4.1)）］

(37) a. *Fire* broke out during the night.
(夜の間に火事が起こった）［抽象概念（形状・範囲非含意)］

　　b. *A fire* broke out in the warehouse yesterday.
(昨日，倉庫で火事が起こった）［個別事例］

参考 1

意味に相違がないと判断される例もあります。名詞部の情報からまとまった姿がイメージ可能かどうかのボーダーライン上にあるためと思われます。

(i) On (*an*) *impulse*, I picked up the phone and rang my sister in Australia.（衝動的に電話をとって豪の妹に電話した）

以下は意味的相違よりもむしろ地域差によります。

(ii) a. *Gloom* descended on the office when we heard the news.（その知らせを聞いたとき重苦しさが事務所をおおった）(LDOCE³)〈英〉
   b. *A gloom* descended on the group.
   （重苦しさが一団をおおった）(CCED³)〈米〉
(iii) Racial prejudice is (*an*) *anathema* to me.（人種的偏見は大嫌い（なもの）だ）(OALD⁵)［冠詞を付けるのは〈英〉］

7.3. 総称用法

たいていの文法書には "A lion is a dangerous animal."（ライオンは危険な動物だ）のような例をあげて，不定冠詞の総称用法が説明されています。1頭のライオンを取りあげて，その特徴はどのライオンにもあてはまる，という用法です。解釈としてはこれで問題ないのですが，総称用法には注意すべき点があります（§8.6 も参照）。第一は，不可算名詞は総称的意味を表すときでも a/an はとらない，ということです。

(38) *Water* [×A water] is composed of hydrogen and oxygen. （水は水素と酸素から成る）

第二に、a/an の総称用法は、通例、主語の位置に限られます。

(39) Do you like *lions* [×a lion]? （ライオンは好きですか）

第三は、主語の位置にあっても総称用法でない "a/an＋名詞部" もある、ということです。たとえば、(40) は、特定のライオンを指しているので、総称用法ではありません。これに対し、(41)、(42) では、文の内容（＝命題）が一般論であるので、総称的にとるのが妥当な解釈です。

(40) *A lion* escapes from a Sydney zoo.
（ライオンがシドニーの動物園から逃走）
(41) *A cheetah* can go from 0 to 50 mph in about 3.5 seconds. （チータは約 3.5 秒で時速 0 マイルから 50 マイルに加速できる）
(42) *A camel* is more durable than a jeep.
（ラクダはジープよりも長持ちがする）

以上の例からわかるように、不定冠詞の総称的な「用法」もしくは「解釈」は文脈によって与えられるのであり、a/an に本質的に備わっているのではありません。

7.3.1. 総称用法の不定冠詞

以下、不定冠詞が総称的に用いられていると解釈可能な例をあげます。

(43) *A woman* uses 20,000 words per day, while *a man* uses only 7,000.
（女性が 1 日に 2 万語使うのに対し、男性はわずか 7 千語だ）

(44) Men think about sex every 52 seconds, while *a woman* does only once a day.　(男性は 52 秒ごとにセックスのことを考えるが，女性は 1 日に 1 回だけだ) [men は無冠詞複数形による総称用法；☞ §7.3.2]

(45) *A dog* can be a kid's best friend.
(イヌは子どもの最良の友になることができる)

以上の例が示すように，不定冠詞の総称用法は，総称用法であることが明白な文脈中でのみ可能です。

7.3.2. 総称用法の複数

前節であげた不定冠詞の総称用法の例は，実際に英文を読んで探してみると，あまり多くは見つかりません。種全体を表すには無冠詞複数形による総称用法がもっとも一般的に用いられます (the の総称用法に関しては §8.6 参照)。意味的限定をなんら表さないからです。以下，明白な例をあげておきます。

(46) Training *tigers* was slow and difficult because unlike *lions*, which live together in communities, *tigers* are solitary beasts, living alone in the wild and generally avoiding one another's company except in the mating season.　(トラの調教は時間がかかるし困難でもあった。群れで生活するライオンと異なり，トラは孤独な動物であり，野生のなかで一匹で暮らし，交尾期を除いては，一般的に他との付きあいを避けるからだ)

(47) *Males* sing elaborate songs. *Females* can't sing at all.　(オス (のキンカチョウ) は複雑な歌を歌う。メスはまったく歌えない)

(48) *Pearls* are soft and have a quiet elegance.
(真珠は柔らかであり静かな優美さをそなえている)

(49) *Bicycles* are for old people and children.
(自転車は老人や子どものためのものだ)

参考 2 無冠詞単数形の総称用法か？

次の例文中では無冠詞の単数形が総称的意味を表すと解釈されるかもしれません。しかし，名詞が連続して現れていることを考えれば，列挙の無冠詞と解釈するほうが適切です (☞ §9.2.2)。

(i) He has been trapping *muskrat*, *raccoon* and *fox* in Westchester for more than 50 years.
(彼は 50 年以上もウエストチェスターでマスクラットやアライグマ，キツネを罠で捕獲している)

他方，無冠詞の物質集合名詞および抽象名詞は，文脈によっては，総称的な読みが可能です。

(ii) *Beauty* is only skin-deep. (美貌も皮一重) [諺]

ただし，これらの名詞類がいつも総称的意味をもつわけではありません。なぜなら，(iii) の beauty は修飾語句をとる点で，a/an による総称用法とは異なっているからです。(the による総称用法に関しては，§8.6 参照。)

(iii) The scene was one of breathtaking *beauty*.
(その景色は息をのむほどの美しさだ)

8 それとわかれば the を付ける

8. 定冠詞の選択原理

定冠詞 the は名詞部が「同定可能」(identifiable) であることを表します。[1] つまり，the は，話題になっている名詞部がどれを指すかを聞き手に理解可能であると話し手が予測するときに付けられます。[2] the の用法は同定可能という原理だけで説明可能です：「**the は，英語の名詞部が同定可能であると判断されるときに付けられる。**」

原理 VII:

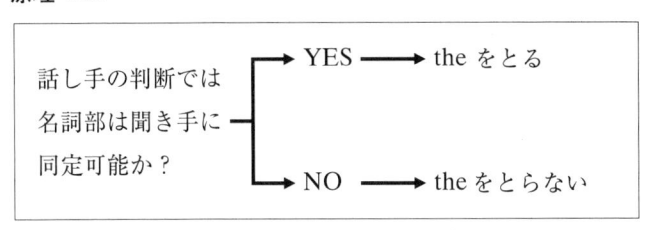

```
                          ┌─→ YES ──→ the をとる
話し手の判断では          │
名詞部は聞き手に ─────────┤
同定可能か？              │
                          └─→ NO  ──→ the をとらない
```

---

1. 同定＝同一であることを見きわめること（広辞苑）。
2. 「話し手」および「聞き手」は，それぞれ，「書き手」および「読み手」である場合もあります。

上で言う「同定可能」は,すでに述べられたものを受ける[3]ときだけでなく,英語文化圏の常識として聞き手に同定可能であることが期待される場合も含みます。たとえば,(1)では先行箇所を読むことによって(つまり,前方照応によって)"the + 名詞部"が同定されますが,(2)では文化的了解によって"the + 名詞部"が同定されます。

(1) A boy and a girl were sitting on a bench. *The boy* was smiling but *the girl* looked angry.
(少年と少女がベンチに座っていた。少年のほうは微笑んでいたが,少女のほうは怒っているようだった)

(2) It means the end of *the Berlin wall* and the beginning of a new Europe. (それはベルリンの壁の終りと新しいヨーロッパの始まりを意味する)

8.1. 文脈内同定

ここで言う文脈内同定とは,指示物がどれであるかを同定する手がかりが文脈内のどこかに与えられている場合を指します。

8.1.1. 形容詞的修飾語句

名詞が前方照応的に用いられるとき((1),(3)),あるいは形容詞的前置詞句(4)や最上級(相当)語句(5),関係詞節(6),同格語句(7)を伴うとき,その名詞の指示物は同定可能なので,通例,the が付けられます。

---

3. 以下,この用法を「前方照応」と言います。

8 それとわかれば the を付ける　135

(3)　I just bought a new shirt and some new shoes. *The shirt* was quite expensive, but *the shoes* weren't.
（先ほど新しいシャツを1着と新しい靴を数足買った。シャツはとても高価だったが，靴はそうでもなかった）

(4)　He looks at *the clock* on the desk.
（彼は机上の時計を見る）

(5) a.　Bill Gates, the chairman of Microsoft, is *the richest man* on earth. （マイクロソフト社会長のビル・ゲイツは世界一金持ちの男だ）［最上級］

　 b.　I shall never forget *the* first *time* we met.
（初めて会ったときのことを決して忘れないだろう）［序数］

　 c.　Mr. Jaffee said he was *the* only *student* to receive praise. （ジャフィー氏は，表彰される学生は自分だけだと言った）［only］

　 d.　Every time we come to this restaurant, you always have *the* same *thing*. （このレストランに来るたびに，君はいつも同じものをとる）［same］

(6)　*The people* I met there were very friendly.
（そこで出会った人たちはみなとても友好的だった）［関係詞節］

(7) a.　The evidence leads to *the conclusion* that human activities can, and do, influence climate.
（証拠から，人間の活動は気候に影響を与えうるし，実際，与えている，と結論される）［同格節］

　 b.　At *the age* of six she could read a newspaper.
（彼女は6歳という年齢で新聞を読むことができた）［同格句］

　 c.　*The plan* to change school times was devised in response to problems with transportation.

(通学の問題との関連で，就学時間を変更する計画が提案された)［同格不定詞］

　固有名詞も関係詞節など修飾語句を伴えば，同名の他の固有名詞，あるいは同一物の他の様相，から区別され，どれが話題にのぼっているのか同定されるので，the が付けられます（☞ §8.8.1）。

(8) a.　This isn't *the America* we believe in.
　　　　（これは我々が信じているアメリカではない）
　　b.　Dallek praises *the Kennedy* who resisted the hawks and reproves *the Kennedy* who was a hawk himself. （ダレクは，タカ派に抵抗したケネディを称え，タカであったケネディを非難する）

参考 1
1)　a / an + 序数詞（相当語句）
　序数詞（相当語句）と共起しても，指示物が同定不可能（または同定不要）であるときは，不定冠詞または無冠詞が選ばれます（next / following / same を除く（Berry (1993: 33)））。

(i)　*An* eighth *victim* died at the hospital.
　　（8 人目の犠牲者が病院で亡くなった）［文全体が新情報；聞き手には 8 人目の犠牲者を同定不可能］
(ii)　She won φ first *prize* in the competition.
　　（競技会で 1 位になった）［順序というよりも序列もしくは位置づけ（＝体系内の関係）を表す；聞き手／読み手には first prize に関する予備知識がないので同定不可能］
(iii)　a hotel on φ Fifth *Avenue*
　　（5 番街のホテル）［固有名詞（＝符丁）；☞ §8.7.1.6］

2)　a / an + 名詞 + 関係詞節

関係詞節に修飾されても，指示物を同定しないときは the は付けられません。次例で a が付けられているのは，聞き手／読み手にとっては handbag は初出であるため，どの handbag か同定できないからです。("a / an ＋ 名詞＋関係詞節" の別例は §4.4.2 参照。)

(iv) I had *a handbag* that said, 'In love we trust,' on it.
（「愛を私たちは信じる」と書かれたハンドバッグをもっていた）

3) *of*-phrase

of-phrase が後続しても聞き手／読み手に同定不可能な場合は，定冠詞は付けられません。

(v) Tai's father, from the Philippines, is *a member* of the Los Angeles police. （タイの父親はフィリピン出身だが，ロサンジェルス警察の一員だ）［多数の警察官の 1 人であり，話し手は聞き手が同定することを期待していない］

8.1.2. 関連語句

ある名詞と関連のある名詞が，初出であるにもかかわらず，the をとることがあります。これは，文化的連想（＝常識）により，その名詞が前方照応に準じて扱われるからです。たとえば，(9a, b) の the driver は「事故車の運転手」および「停車中の車の運転手」であることは前後関係から明らかです。

(9) a. There was an accident here yesterday. A car hit a tree and *the driver* was killed. （昨日ここで事故があった。車が木にぶつかって運転手が死んだ）

b. Then I saw a car parked by the side of the road. *The driver* was asleep. （そのとき道路脇に停めてある車が見えた。運転手は仮眠中だった）(Berry (1993: 26))

8.2. 複数構成物

　複数形の名詞は，その中身が同定されれば，the が必要とされます。たとえば，φ two books は A 書と B 書を指すときも B 書と C 書を指すときも使用可能ですが，the two books は A 書と B 書のように必ず決まった 2 冊を指します。次の (10a) の the two books は先行する文脈から *Elvis, Jesus and Coca-Cola* と *Armadillos and Old Lace* とを指します（Kinky Friedman 著）。他方，(10b) の the two horns は，牡鹿の頭には 2 本の角があるという知識に基づいて同定されます。

(10) a. *The two books* are also out in paperback (Bantam Books).　（両書ともペーパーバック (Bantam Books) でも出版されている）

　　 b. antler: each of *the* two *horns* with short branches that grow on the head of a male deer　（枝角＝牡鹿の頭に生える，短い分枝のある，2 本の角のそれぞれ）

以下，「文化」あるいは「常識」に基づいて，複数形に the が付けられる場合をあげていきます。いずれも定冠詞が付けられるのは構成物 [構成員] が同定可能であるためです。

8.2.1. 年　代
いつからいつまでか同定可能。

(11)　The paintings that Hofmann produced in *the 1950s* and *1960s* are a dazzle of color.　（1950 年代および 1960 年代にホフマンが創出した絵画は目もくらむような色彩だ）

類例:　the early 1950s（1950年代初期）; the middle sixties（60年代中期）; the late 90s（90年代後期）

8.2.2.　一族／一門
構成員数が有限なので全体を同定可能。

(12) a. *The Tokugawas* ruled the country from Tokyo, known in those days as Edo, with unrivaled power for 265 years.（徳川家は265年にわたり無類の権力をもって東京，当時の名称は江戸，から全国を支配した）[the Tokugawa family という表現も可]

　　 b. *The Clintons*, with their 17-year-old daughter, Chelsea, and one of her pals, Rebecca Kolsky, left hazy 105-degree Washington in the early afternoon.（クリントン夫妻は，娘のチェルシーさん（17歳）と彼女の友人のレベッカ・コルスキーさんとともに，もやがかかって105°Fもあるワシントンを午後早くに発った）[夫妻のみを指すことに注意]

類例:　the Nobels（ノーベル家）; the Rothschilds（ロスチャイルド家）

8.2.3.　グループ名／チーム名
構成員数が有限なので全体を同定可能。

(13)　On the radio at that time you could hear *the Rolling Stones* side by side with Mozart, Beethoven, Glenn Miller, even the blues.（当時ラジオではモーツァルトやベートーベン，グレン・ミラー，さらにはブルースとならんでローリング・ストーンズを聞くことができた）

類例: the Beatles (ビートルズ); [野球チーム] the Braves (ブレーブス); the Florida Marlins (フロリダ・マーリンズ); the New York Mets (ニューヨーク・メッツ)

参考2 単数形のチーム名

同一チームを指していても，複数形の有無によって冠詞の用法が異なります。

(i) Kuroda was 12-8 with a 3.56 ERA in 26 starts this season for *the Hiroshima Carp*. He is 103-89 with a 3.69 ERA in 11 seasons, all with *Hiroshima*.
(黒田は今シーズン広島カープで26度先発し12勝8敗，防御率3.56だった。11シーズンで103勝89敗，防御率3.69，広島一筋である) [the Hiroshima Carp = the Carp = ϕ Hiroshima]

8.2.4. 国民／部族／民族

構成員数が有限なので（戸籍簿などにより）集団全体を同定可能。

(14) a. My visit taught me *the Japanese* like to work as a team. (訪問してわかったのだが，日本人はチームで仕事をするのが好きだ)

b. *The Masai* have their own language, Maa.
(マサイ族は彼ら自身の言語であるマア語を有している)

類例: the Bantu (バンツー族); the Hutu (フツ族); the Maori (マオリ族); the Romans (ローマ人); the Vikings (ヴァイキングたち) [部族名／民族名を表す語は，しばしば語形は単数形のままで集合的に用いられる]

比較: *The Masai tribe* of Africa has a saying, "Sticks in

a bundle are unbreakable. Sticks alone can be broken by a child."（アフリカのマサイ族には次の諺がある——「束の棒は折れない。1本の棒は子どもでも折れる」）
［部族名であることを明示するには tribe を補う］

8.2.5. 大陸／国家／山脈／平原／群島

構成部分が有限なので全体を同定可能（単数形の「平原」に関しては §8.7.2.1 参照）。

(15) a. President Bush told leaders from across *the Americas* that free trade is the best road to prosperity in the hemisphere.
（ブッシュ大統領は南北アメリカ大陸の指導者たちに自由貿易こそが西半球が繁栄するための最善の方法だと述べた）

b. It was not the worst avalanche disaster in *the Himalayas*.
（ヒマラヤ山脈で最悪の雪崩事故ではなかった）

c. *The Great Plains* remains the primary source of wheat for the USA.
（大草原はいまなお合衆国の主要な小麦生産地だ）

d. Fault lines run underneath the soil of most parts of *the Japanese islands*.
（日本列島の大部分の地下に断層線が走っている）

類例： ［国家など］the two Congos（両コンゴ）; the two Koreas（南北コリア）; the Balkans（バルカン諸国）; the Netherlands（オランダ）; the Dakotas（南北ダコタ州）

［山脈］[4] the Pennines（ペナイン山脈）; the Rocky Mountains / the Rockies（ロッキー山脈）; the Virunga Mountains / the Virungas（ヴィルンガ火山地帯）

［平原］the Texas plains（テキサス平原）; the Cimarron / Manchu grasslands（シマロン／満州草原）; the Guiana / Scottish Highlands（ギアナ／スコットランド高原）

［群島］the Canary / Falkland / Solomon Islands（カナリア／フォークランド／ソロモン諸島）; the Kurile Islands（千島列島）; the Maldives（モルジブ諸島）; the Philippines（フィリピン諸島）

8.2.6. 病　名

複数形の病名はすべての症状を含むので the をとります（病名に関しては §5.3 および §8.3.3 も参照）。

(16) a. Don't be surprised if you get *the blues* for a while after your baby is born.
（産後しばらく気がふさいでも驚かなくていい）

b. He's got a bad case of *the DTs*.
（彼はひどく悪酔いした）

c. I've got *the hiccups*.（しゃっくりが出はじめた）
［しゃっくりの開始から終了までを含意，または現在出ているしゃっくり；『活用』は「〈英〉では無冠詞」と注記しているが，英国系の辞書も the を付けている］

4.　単数形ですが，Range（山脈）も限定された数の構成物を表すので the をとります。例: the Alaska / Pennine Range（アラスカ／ペナイン山脈）。

8 それとわかれば the を付ける　143

比較: You can usually get rid of *hiccups* by drinking water very quickly.（水を一気に飲めば，ふつう，しゃっくりをとめることができる）［しゃっくりという反復運動］

類例: the bends（潜水病）; the shakes（悪寒）

以下の例文中の病名は現代英語では単数扱いされています。the が付けられているのは流行中であることを表すためです（☞ §8.3.3）。

(17) a. Love is like *the measles*; we all have to go through it.（恋ははしかのようなもの。だれもが通らねばならぬ）[Jerome K. Jerome]［単数一致］
  b. He's got *the mumps*.
  　（彼は（流行中の）おたふく風邪にかかった）
  c. And I wasn't the only one, judging from *the sniffles* around me.（まわりの鼻風邪から判断すれば，私独りではなかった）［流行中の風邪］

参考 3
　病名が複数形ならば自動的に the をとる，というわけではありません。(i) はガンの種類が複数であることを表し，(ii), (iii) は反復を表します（(16) 比較 [hiccups] も参照）。

　(i) Other studies are testing the vitamin's effects on colon, lung and breast *cancers*.（他の研究はビタミン（E）の効果を結腸ガン，肺ガンおよび乳ガンに関して試験中である）
　(ii) She went into *convulsions* several hours after the accident and had to be rushed to a hospital.（彼女は事故の数時間後に痙攣をおこし，病院に急送されねばならなかった）
　(iii) He suffered the head injury when he was 4, and he's been having *seizures* ever since.
　　（彼は4歳のとき頭に外傷をうけ，それ以来発作がある）

8.2.7. その他の複数構成物

(18) a. Would you like to see all *the nuclear powers* destroy their nuclear arsenals?
(すべての核保有国が核施設を破壊するのを見たいとお思いですか)[米・露など8か国]

  b. Three friends arrive at *the Pearly Gates* at the same time. (3人の友人が同時に天国の門に着く)[真珠でできた，天国の12の門]

8.3. 状況的同定

状況的同定とは，発話の場面において話題になっている事物を指し示すことが可能な場合を指します。

8.3.1. 場面依存

場面・状況からどの指示物が言及されているか聞き手にわかるとき，その名詞は同定可能なので the が付けられます。

(19) a. Please shut *the door*!
(ドアを閉めてください)[聞き手がいる部屋のドア；聞き手近くの冷蔵庫などのドア]

  b. I'll pick you up at *the station*.
(車で駅に迎えに行こう)[相互に了解された駅]

小説などでは初出であっても名詞(部)にしばしば the が付けられます。その作品の世界に入って名詞部が指示するものを同定することが読者に期待されているからです。

c. I was walking in *the park* with a friend recently, and his mobile phone rang, interrupting our conversation. （最近友人と公園を散歩していたときのこと。彼の携帯電話が鳴り，会話は中断された）［書き手または友人の居住地近くの公園］

the West / Southwest（西部／南西部），the Far / Middle East（極東／中東）など本来は位置を表す固有名詞も，場面・状況から指示物が同定されたものです。

8.3.2. 唯一物

上では構成要素の数が有限であるとき the が付けられる例を見ました。構成要素は一つだけのこともあります。たとえば，（地球の）北極と南極は，それぞれ，一つしかありません。このように，一つしかないものは「唯一物」と呼ばれます（固有名詞は除きます）。唯一物は容易にどれかわかるので（つまり，同定可能なので）the をとります。

8.3.2.1. 天体／地点[5]

(20) *The earth* takes a year to make a circuit of *the sun*.
（地球は 1 年かけて太陽を 1 周する）

類例: the equator（赤道）; the sun（太陽）; the moon（月）; the Andromeda Galaxy（アンドロメダ銀河）; the Great Bear（大熊座）; the Milky Way（天の川）; the

---

5. 惑星名は無冠詞で用いられます。
 (i) Is there life on *Mars*?（火星に生命は存在するか）

North Pole（北極点）; the North Star（北極星）; the Plough（= the Big Dipper）（北斗七星）; the Scorpion（さそり座）[ラテン語形の Scorpio は固有名詞扱いなので無冠詞]; the Southern Hemisphere（南半球）; the universe（宇宙）

比較: There's *a* cold *moon* shining out my window tonight.（今晩は窓の外に月が寒々と輝いている）[一時的な姿かたち]

8.3.2.2. 聖 典

(21) But *the Koran*, like *the Bible*, presents problems of interpretation because of contradictory passages about vengeance, war and peace.（しかし，コーランは，聖書と同様に，復讐や戦，平和に関して相矛盾する箇所があるので，解釈上の問題を提示する）[内容はどの版でも同じ]

比較: One bought *a Bible* printed 150 years ago.
（あるものは 150 年前に印刷された聖書を購入した）[製本された 1 冊]

8.3.2.3. 競技大会

(22) *The Boston Marathon* was first run in 1897.
（ボストンマラソンは 1897 年に第 1 回大会が行われた）

類例: the Brazilian Grand Prix（ブラジルグランプリ）; the Los Angeles Open（ロサンゼルスオープン）; the Super Bowl（スーパーボウル）; the Tour de France（ツールドフランス）; the World Cup（W 杯）

8.3.2.4. 祭 り

(23) Police estimated the gathering, a week ahead of *the Rio Carnival*, at about one million.
(警察は，リオのカーニバルの1週間前に，人出はおよそ百万人と予測した)［φ Rio's Carnival とも言う］

類例： the Notting Hill Carnival (ノッティングヒルカーニバル); the Gion Festival (祇園祭); the Cannes Film Festival (カンヌ国際映画祭); the Venice Film Festival (ヴェネチア国際映画祭)

8.3.2.5. 賞

(24) I was just enjoying a daydream about winning *the Nobel Prize* for literature.
(ノーベル文学賞を受賞するという空想を楽しんでいただけだ)

類例： the Fields Award (フィールズ賞); the Rotary Lombardi Award (ロータリー・ロンバルディ賞)

比較： His commitment to non-violence led to *a Nobel peace prize* in 1989. (非暴力への貢献により 1989 年ノーベル平和賞に輝いた)［賞の1部門］

8.3.2.6. 単 位

重さや長さ，広さなどの単位は万国共通です。たとえば，売買に関して，to buy sausages by the kilo (ソーセージをキロ単位で買う)のように単位を表す名詞が the をとるのは，どこで買っても同じ重さのはずだからです。もしも ×to sell sausages by a kilo と言えるならば，理論的には，悪徳商店が重さをごまかし

ていることを暗示できるかもしれません。(実際には, to measure by their scale のような表現が使われます。)

(25) a. sell eggs by *the dozen* / material by *the yard* / coal by *the ton* (卵をダース単位／生地をヤード単位／石炭をトン単位で販売する)

b. My car does forty miles to *the gallon*.
(私の車は1ガロンで40マイル走る)

類例: buy liquor by the case (ケース単位でアルコールを買う); grow stronger by the month (1か月たつごとにより強くなる); sell cloth by the meter (布を1メートルいくらで売る); $2 to the pound (1ポンドに対し2ドル)

to sell by the kilo

8.3.3. 流行病

流行性の病気には the が付けられます。状況的にどういう病状か理解されるからです。ただし, 流行性の病気にはすべて the が付けられる, というわけではありません。the が付けられる単数形の病名は, 潜伏期間が短く, 罹患(りかん)の原因が容易にわかる場合に限られます (§5.3 および §8.2.6 も参照)。

(26) a. He returned home from service abroad with a nasty dose of *the clap*.
(彼はひどい淋病にかかって海外勤務から帰ってきた)

b. Darby's been in bed with *the flu*.
(ダービーは(流行中の)感冒で寝込んでいた)

比較: They're both in bed with *flu*.
(彼らは2人とも感冒(という病気)で寝込んでいる)

8.3.4. the＋形容詞／分詞[6]

the が形容詞または分詞を従えるとき, 三つの特徴があります。一つは補うべき名詞が種々さまざまであることです。たとえば, the rich／poor のあとには, 通例, people を補足可能ですが, the survival of the fittest (適者生存) のあとに名詞を補うとすれば bioform／living thing (生命体) のどちらも可能です。つまり, 指示物が何であるかは, 文脈に依存して推測されるのです。別例: the predictable (things／events) (予測可能なこと); the unthinkable (thing／action) (思いもつかないこと); the manic (behavior) (狂気の沙汰)。

"the＋形容詞／分詞"の第二の特徴は, 単数扱いの場合も複数扱いの場合もあるということです。

(27) a. *The accused* was／were acquitted of the charge.
(被告は無罪を言い渡された) (OALD[5])
b. *The military* was／were called in to deal with the riot. (暴動の処理に軍隊が召集された) (OALD[5])

第三の特徴は, このパタン中で使えない形容詞／分詞もあるということです。たとえば, 「外国の人々[もの], 幸せな人々, むかつくやつ[もの]」のつもりで ×the foreign／happy／disgust-

---

6. the の代わりに所有格が用いられることもあります。
(i) *China's rich* are getting richer.
(中国の富裕層はより富裕になりつつある)

ing と言うことはできません (Swan (1980: §14.2))。people あるいは things を加えることが必要です。

8.4. 文化的了解

前節では，指示物が，いわば，目の前にある場合の the の用法を見てきました。"the + 名詞部" が何を指しているかを理解するためには語句の転用的（換喩的）意味や背景的知識が必要とされることもあります。本書では，このような場合の the の用法を文化的了解と呼ぶことにします。

8.4.1. 換喩的同定

文化的了解を表す the の用法のうち意味解釈の際に注意しなければならないのは「換喩的」用法です。これは，次のように，指示物の属性 (attribute) に焦点を当てる用法のことです。

(28) *The pen* is mightier than *the sword*.
(文は武よりも強し)

上の諺で pen / sword は，特定の「ペン／刀」ではなく，それらと関連のある「表現行為／武力行使」を意味しています。気をつけて英文を読めば，この種の例はたくさん見つかるはずです。

(29) Falling asleep at *the wheel* really can happen to anybody. (居眠り運転は実際だれにでも起こりうることだ)
類例： the bottle (ビン→アルコール); the cradle (揺りかご→乳児期); the grave (墓→死); the knife (ナイフ→手術); the road (道路→巡業); the spotlight (スポットラ

イト→注目）

参考 4　日本語の換喩的同定

　日本語でも上のような例はしばしば見られます。例：「ハンドルを握る」（＝車を運転する）；「筆を折る／断つ」（＝文筆活動をやめる）。次は柔道家・井上康生氏が右大胸筋断裂から復帰したときのことばです。

(i)　ケガから 1 年半後の 2006 年 6 月，ついに畳の上に戻るまで快復しました。［畳の上＝柔道の試合場］

8.4.2. 典型例
8.4.2.1. タイプ: play the gentleman

　典型的な役割（「プロトタイプ」[7]と呼びます）が演じられるとき，act / play は "the＋名詞" を従えます。"play φ 名詞"（☞ §3.1.4）では「役割」に重点が置かれますが，"play the 名詞" では，だれもが連想する，特定の「特徴」（＝プロトタイプ）に重点が置かれています。

(30) a.　Can he regain true greatness by playing *the gentleman*?　（紳士ぶることによって真の偉大さを取り戻すことができるだろうか）

　　 b.　Jude, 32, wasn't making any effort to act *the gentleman* at Heathrow airport.
　　　　（ジュード（32 歳）はヒースロー空港で紳士らしく振る舞おうとはしていなかった）

　類例：　act the fool（ばかな真似をする）; play the clown（道化を演じる）; play the contrarian（天の邪鬼を演じる）;

7.　プロトタイプ＝ある意味範疇に属するもののうち，典型的・中心的と考えられるもの。（広辞苑）

play the lady (淑女を気取る); play the peacock (見栄を張る)

8.4.2.2. タイプ: the typical father

名詞部が typical などを含むときは，しばしば the をとります。修飾語句により名詞部の典型例がわかるからです。

(31) Joe, 46, was *the* typical *father*, wanting his son to succeed where he had not.
(ジョー (46歳) は，自分が果たせなかったことを息子が果たしてくれることを望んでいる，典型的な父親だった)

このほか，average / ideal / perfect が名詞を修飾するときもしばしば the をとります。

このタイプでは the が名詞部全体に付けられることが特に明らかです (☞ 本質 1 (§0.2))。なぜなら，the はどの父親かを同定しているのではなく，typical father とはどんなものか聞き手には理解できるという前提のもとで用いられているからです。しばしば斜字体で書かれる「強調の the」も名詞部全体の特徴を同定します。

(32) Locals consider it *the place* to see and be seen.
(地元民たちはそここそ見るべき場所であり，かつ見られるべき場所であると考えている) [the + (place to see and be seen)]

typical などを含む名詞部が多数のうちの一つを表すときは a/an が付けられます。

(33) Elian has behaved like *a* typical *6-year-old*, Juan Miguel like *a* typical *father*.
(イーリアンはどこにでもいる 6 歳児のように振る舞い，フアン・ミゲルもどこにでもいる父親のように振る舞った)

8.4.2.3. タイプ: the Shakespeare

有名な固有名詞が the をとることがあるのは，その固有名詞がなんらかの属性を獲得し，語と指示物との関係が先に述べた図 2 から図 1 へと変化したためです (☞ §1.2)。

(34) Isaac Newton is *the Shakespeare* of mathematics and physics. (アイザック・ニュートンは数学および物理学界のシェイクスピアだ) [Shakespeare のように傑出した存在]

類例: the Edison of today (今日のエジソン); the da Vinci of our time (現代のダヴィンチ); the Cleopatra of our age (現代のクレオパトラ)

8.4.3. 同 格

Alexander the Great のような同格の名詞句に the が付けられるのは，その名詞句を典型的代表として提示するためです。

(35) Alexander *the Great* ruled over a large empire.
(アレクサンドロス大王は大帝国を支配した) [the Great (King)]

類例: Julian the Apostate (背教者ユリアヌス); Charles the Bold (勇胆公シャルル); Edward the Confessor (エドワード告解王); William the Conqueror (征服王ウイリアム); King Alfred the Great (アルフレッド大王)

同格語句は主要部より前に置かれることもあります。

(36) *The poet Chaucer* died about the year 1400.
 (詩人チョーサーは 1400 年ごろに亡くなった)

類例: the Ayatollah Khomeini (ホメイニ師); the Prophet Muhammad (預言者マホメット); the Reverend John Paul (ジョン・ポール尊師)

8.5. 対　立

8.5.1. 二項対立

in the light / dark, in the right / wrong などにおける名詞は同定不可能であるように思われるかもしれません。しかし，これらのペアは逆の関係にあり，一方は他方を除いた範囲にあるので，同定可能です。(37) は文脈内で二項対立が明示されている例です。

(37) a. To learn from the old, we must love them — not just in *the abstract* but in *the flesh* — beside us in our homes, businesses and churches. (老人から学ぶためには，自宅や職場や教会で身のまわりにいる老人を愛さねばならない。抽象的にだけでなく生身の人間として)
 b. What the wise do in *the beginning*, fools do in *the end*. (賢者が最初にすることを愚者は最後にする)

次の例ではペアの一方しか述べられていませんが，容易に他方を補足することができます。

(38) a. Death is easier to bear in *the abstract*.

(死は抽象的には堪えやすい) [in the concrete / flesh と対立]

b. I'm afraid you have *the* wrong *number*.
(番号をお間違いだと思います) [the correct / right number と対立]

類例: on the decrease / increase (減少／増加して); in the black / red (黒字／赤字で); in the distance / vicinity [neighborhood] (遠く／近くに); in the singular / plural (単数／複数形で); the bright / dark side (明るい／暗い側)

次は三項対立および四項対立の例です。

(39) a. The greatest danger in *the future* will be terrorism instead of war. (将来の最大の危険は，戦争よりもテロだ) [past / present / future]

b. I'm looking for work, but there is no work in *the winter*. (職探しをしているのだが，冬季には仕事がない) [spring / summer / fall / winter]

類例: the green light / yellow light / red light (青信号／黄信号／赤信号); the east / west / south / north (東／西／南／北) [英語では north-south の順序のほうがふつう]

8.5.2. 身体部位

二項（あるいは多項）対立という観点に立てば，身体部位に付けられる the の用法も他の部位との対立を表すと解釈されます。なぜなら，(40) を例にとれば，the skull / neck / vertebrae / head は，それぞれ，他の身体部位との対立において捉えられて

いて，他の部位ではなく skull あるいは neck 等を指しているからです。

(40) The surgeon sketched a picture as he explained how they would reattach *the skull* to *the neck* with titanium rods screwed into *the vertebrae* so they hold *the head* like a basket. (外科医は絵を描いて（手術の）方法を説明した。脊柱に取り付けた数本のチタンのロッドによって頭部を籠に入れたように固定して頭骨を首の骨にふたたびくっつける方法についてである)

pat one on the shoulder のような表現における the も対立を表しています。[8] the の用法に関する限り，このパタンは「(頭や背中ではなく) 肩を軽くたたく」の意味だからです。英英辞典には the = his と書き換えてあるものもありますが，これは外国人や初心者用の便宜的な説明にすぎません。

(41) She hit him on *the* (=his) *ear*.
(彼女は彼の耳をたたいた) (LDOCE[3])

類例： clap one on the back (背中をたたく); shoot one in the head (頭を撃つ); stab one in the heart (心臓を刺す); take one by the shoulders (両肩をつかむ); give the grizzly a swift, solid kick in the nose (大グマの鼻を素早くしたたかに蹴る)

"the + 身体部位" は「機能」を含意することがあります。

---

8. pat one's shoulder のように所有格を用いることもあります。pat one on the shoulder は「人」に，pat one's shoulder は「身体の部分」に力点を置いた言い方です（安藤 (2007: 34)）。

(42) It's easy on *the ear* and easy on *the eye*, but it's also easy on *the mind*. (それは耳にやさしいし，目にもやさしい。さらにまた，精神にもやさしい）［聴覚・視覚・認識機能］

8.6. 総　称

8.6.1. 総称用法

『オックスフォード英語辞典』(OED) は the の意味を二つに大別しています（『研究社　新英和大辞典』(第6版) も同様）。一つは特定のものを指す用法であり（例: the dog「（話題の）イヌ」），もう一つはその種全体を指す用法（＝総称用法）です（例: the dog「イヌというもの」）。総称用法の the は改まった文章中で用いられます（§7.3 も参照）。以下は *Encyclopedia Britannica* からの例です。

(43) a. In winter *the carp* becomes torpid, retires to the bottom, and stops feeding.
 （冬にはコイは動きが鈍くなり，底に沈み，エサをとらなくなる）［in ϕ winter に関しては ☞ §3.4］

 b. *The tiger* inhabits grassy and swampy districts and forests；（トラは湿原や森に生息する）

 c. *The Atlas cedar* (*C. atlantica*), *the Cyprus cedar* (*C. brevifolia*), *the deodar* (*C. deodara*), and *the cedar of Lebanon* (*C. libani*) are the true cedars.
 （アトラスシーダー，サイプラスシーダー，ヒマラヤスギ，およびレバノンスギは真性のスギである）［かっこ内の学名がイタリック体であるのは原文のママ］

8.6.2. (play＋) 楽器名

play に piano / guitar / violin / flute など楽器名が続くときしばしば the が付けられるのは，演奏者は同種の楽器ならどれでも演奏する能力があるはずだからです。念のため付言するならば，"the＋楽器名" は play 以外の動詞（例: learn, practice）とも用いられます（§3.1.5 参照）。

(44) a. I really admire people who can play *the guitar* well.
（ギターを上手に演奏できる人たちには本当に感服する）

 b. Fiona's learning *the flute*.
（フィオーナはフルートを習っている）

 c. She would practice *the piano*, eat dinner, then practice *the violin*. （彼女はいつもピアノの稽古をし，昼食をとり，それからバイオリンの稽古をした）

8.6.3. 発明品

発明品（例: the computer / radio）にも the が付けられます。楽器の場合と同様，その製品全般に当てはまるからです。

(45) The Japanese have excelled here, creating entire new industries from U.S. inventions such as *the transistor*, *the fax machine* and *the videocassette recorder*.
（日本人はこの分野で優れており，トランジスタやファックス，ビデオといった米国の発明品から新しい産業をまるごと創り出した）

 類例: the computer（コンピュータ）; the cooker（炊飯器）; the dishwasher（皿洗い機）; the incubator（保育器）;

the radio (ラジオ／無線); the telephone (電話); the telescope (望遠鏡)

参考 5　watch φ TV

TV は，発明品であるにもかかわらず，無冠詞で用いられます。画面が変化するので一定の姿かたちがないためと思われます。次のように the が TV に先行する場合は，その家／部屋の TV を指します。

(i) Turn down *the TV* or you'll lose your hearing.
(テレビの音量を下げないと耳が聞こえなくなるぞ)

8.7.　the＋固有名詞

固有名詞には the をとるものもとらないものもあります (例: the Persian Gulf (ペルシャ湾)／φ Tokyo Bay (東京湾))。この区別は，原則的に，知名度の相違によります。大規模なものは多くの人々に同定可能なので the が付き，小規模のものは地元民以外には同定不可能なので the は付きません (cf. Hewson (1972: 109))。以下，大規模なものと小規模なものとを比較しながら例をあげていきます。

8.7.1.　同定可能性と the の有無
8.7.1.1.　海 vs. 湖／池

水の広がりという点では同じですが，海は広いので the をとるのに対し，湖や池は狭いので the をとりません。

(46) a. *the Atlantic / Pacific / Indian / Arctic / Antarctic Ocean* (大西洋／太平洋／インド洋／北氷洋／南氷洋)

b. Next comes *Skelton Lake*, *Red Lake* and *Barney Lake*. (次に，スケルトン湖，レッド湖およびバーニー湖がある) [Minnesota 州]

類例: the Adriatic Sea (アドリア海); the Baltic Sea (バルト海); the Bering Sea (ベーリング海); the Caspian (Sea) (カスピ海); the Indian Ocean (インド洋); the Mediterranean (Sea) (地中海)

Marian Lake (マリアン湖) [Canada 北部]; Pellatt Lake (ペラット湖) [Canada 北部]; Walloon Lake (ワルーン湖) [Michigan 州北部]; Snow Pond (スノー池) [Massachusetts 州]; Walden Pond (ウオールデン湖) [Massachusetts 州]

比較: Anglers first spotted bluegills in *Lake Biwa* in the mid-1960s and black bass in 1974.
(釣り人たちが琵琶湖で初めてブルーギルを見つけたのは 1960 年代中ばであり，ブラックバスは 1974 年だった) [肩書き扱い; ☞ §1.3] (Lake が固有名詞の前に置かれるか後ろに置かれるかは辞書などで調べる)

例外: (the) Great Salt Lake [Utah 州; the があるほうが一般的; 形容詞的意味が残っているため]

8.7.1.2. 湾 (Gulf vs. Bay)／海岸 (Coast vs. Beach)

日本語に訳せば「湾」ですが，"X Gulf / Bight" は the をとり，"X Bay / Cove" は the をとりません。広い湾 (gulf / bight) はその名前が多くの人に知られていて同定可能であるのに対し，狭い湾 (bay / cove) は地元の人にしか知られておらず，多くの人には同定不可能だからです。

(47) a. *The Persian Gulf* has been a lucrative market for arms. (ペルシャ湾はカネになる軍事市場だ)[9]

b. It's a brisk winter's morning on *the Great Australian Bight*. (グレートオーストラリア湾上のひんやりとした冬の朝のことだった)〔豪南部〕

(48) a. Barry Bonds, the only major leaguer to hit a ball into *San Francisco Bay*, did it two more times yesterday. (サンフランシスコ湾に打球を打ち込んだただ一人の大リーガーであるバリー・ボンズは,昨日もう2度それをやってのけた)〔San Francisco Bay は the をとることもありますが,ないほうが正式です〕

b. a hillside overlooking *Fairview Cove*
(フェアヴュー湾を見下ろす丘の斜面)

類例: Guantanamo Bay; Hudson Bay; Kuwait Bay; Mirs Bay〔香港〕; Tokyo Bay

Gulf と Bay の相違から予想されるように,Coast(海岸)が the をとるのに対し Beach(浜辺)は無冠詞で用いられます。

(49) Hurricane Katrina bore down on *the Gulf Coast* on Sunday. (ハリケーン・カトリーナは日曜日にガルフ海岸に接近した)〔メキシコ湾沿い〕

類例: the East / West / Atlantic / Pacific Coast; the Gold / Ivory / Slave Coast; the Florida / Lousiana / Mississippi coast〔しばしば小文字表記〕

---

9. ペルシャ湾以外の広い湾は the Gulf of California / Mexico / Panama というパタンで表されるのがふつうです。

(50) *Daytona Beach* is a 23-mile strip of white Florida sand lined with 25000 hotel and motel rooms.
(デイトナビーチはフロリダ内の白砂が 23 マイルつづく地帯であり, 2 万 5 千ものホテルやモーテルの部屋が並んでいる)

類例: φ Carlsbad Beach in San Diego

比較: On another occasion we went for a walk on a bike path near *a Santa Monica beach*.
(別の機会に私たちはサンタモニカの海岸近くの自転車道を散歩した) [普通名詞]

8.7.1.3. 河川 (River vs. Creek)

河川名に the が付くことはよく知られていますが,[10] これが当てはまるのは大きな川のときだけです。きわめて限定された地域内の川は無冠詞で用いられます。

(51) Of all America's Western rivers, *the Missouri* was probably the most treacherous. (米西部のすべての川のなかでもたぶんミズーリ川がいちばん危険だった)

類例: the Seine; the Hudson / Ohio / Potomac (River); the (River) Thames

(52) In its relentless hunt for food, the 90-kilogram serpent had followed the swollen tributary of *Black Mud Creek* to the pond. (容赦なく獲物を求めて, 90 キロの大蛇が増水した支流のブラックマッド川に沿ってその池に入り込んでいた) [ブラジル西部]

---

10. 河川名に所有格が先行するときは, 他の限定詞と同様, the は落とされます。例: London's River Thames。

8 それとわかれば the を付ける　163

　　類例：　φ Currant / Newtown Creek [Nevada 州内 / New York City 内]; φ Granite Rapid [グランドキャニオン内]; φ Mangahouanga Stream [North Island 内 (New Zealand)]; φ Rejang / Kinabatangan River [Malaysia 内; "X River" という名称でも短い川は無冠詞がふつう]

大河と同様に扱われるので，運河名にも the が付けられます。

(53)　Egypt has lost out on revenues from *the Suez Canal*.
　　　（エジプトはスエズ運河からの収益で損失が出た）
　　類例：　the Erie Canal; the Panama Canal

8.7.1.4.　半島 vs. 岬

半島 (peninsula) は the をとりますが，岬 (point / head) は無冠詞で用いられます。半島よりずっと小さいので他地区の人々には同定不可能なためです。

(54)　A 20-year-old student is hiking the roads of *the Izu Peninsula* when he decides to join up with a small group of traveling performers.
　　　（二十歳の学生が伊豆半島の道を歩いている途中，少人数の旅芸人の一座といっしょに旅をすることに決める）
　　類例：　the Kunisaki / Noto Peninsula; the Korean / Arabian / Florida Peninsula; the Iberian Peninsula / peninsula [peninsula は小文字で書かれることもある]

(55)　In August 1852, on a trip between Buffalo and Detroit, the Atlantic sunk about six miles west of *Long*

Point, Ontario, Canada, after colliding with the steamship Ogdensburg.
(1852 年 8 月,アトランティック号がバッファローとデトロイトとの間を航行中,蒸気船のオグデンスバーグ丸と衝突し,オンタリオ(カナダ)のロング岬沖およそ 6 マイルで沈没した)

- 類例: φ Fountain Point [Michigan 州内]; φ Beachy Head [英国南部]
- 比較: The ship sank off *Cape Horn*.
  (ホーン岬沖で沈没した)[Cape は肩書き扱い (☞ §1.3): Cape Cod / Columbia なども同様]

8.7.1.5. 山

下の例が示すように,アルプス山脈中の山の名前には the が付けられ,それ以外の山には the は付けられません。ゲルマン系の名称の山は英語話者にとって同定の可能性が高く,Everest など遠隔地の山は同定可能性が低いためです。ゲルマン系以外の山の名前は,無冠詞で用いられるか,Mount / Mt が付けられるかのいずれかです(例: Mount Vesuvius; Mt McKinley; Mont Blanc)。

(56) The last 30 steps are only slightly less vertical than *the Eiger*.
(最後の 30 歩がほんの少しアイガーほど急峻でないだけだ)

- 類例: the Jungfrau / Matterhorn [本来はドイツ語からの翻訳]

(57) When Mallory was asked why he wanted to climb *Everest*, he answered with a famous evasion: "Because it's there."

(マロリーはなぜエベレストに登りたいのか尋ねられたとき，有名な遁辞で答えた，「そこにあるからだ」と)

　類例：　φ Dhaulagiri / Kilimanjaro / McKinley; φ Uhuru Peak [Tanzania 内] [Dhaulagiri などの山岳名はスペイン語では定冠詞が付けられます: el Kilimanjaro]

8.7.1.6.　道　路

長距離の道路名には the が付き，Avenue / Street など市内の通りの名前には the は付きません。

(58) Afghanistan, isolated now, was once a jewel on *the Silk Road*. (アフガニスタンは，今では孤立しているが，かつてはシルクロードの宝石だった)

　類例：　the Appalachian Trail (アパラチア自然歩道); the Burma Road (ビルマルート); the Sanyo Expressway (山陽自動車道); the Silk Route (絹の道); the Trans-Canada Highway (カナダ横断道路)

(59) *Pennsylvania Avenue*, the grand promenade that stretches from Capitol Hill to the White House, has been undergoing a transformation that is just beginning to be felt. (ペンシルベニア通り――国会議事堂から大統領官邸に延びる大通り――は化粧直し中だが，やっとそうだと気づかれるようになってきた)

　類例：　φ Hollywood Boulevard; φ 67th Street [序数詞付きでも無冠詞]; φ West End Lane

参考 6

1) "名詞 + 数字" という構造の道路名は，長距離でも，冠詞をとり

ません (☞ §1.3)。例: φ Highway 4; φ Interstate 5; φ Route 3; φ State Route 105。

　2) Mall / Strand（ロンドン市内の通り）には the が付けられます (Berry (1993: 59))。パリの Champs Élysées も同様です。東京の「銀座」も地域を指すときは the をとります (例: Tokyo's prewar commercial center, the Ginza [戦前の東京の商業中心地，銀座])。

　3) informal な話しことばでは，市内の道路でも the が付けられることがあります (LDOCE³, s.v., the [usage note])。例: (the) Huntingdon Road [英国 Cambridge 市内]。

8.7.1.7. 橋

これまでの例と同様に，橋も長大で有名なものには the が付けられ，短い，あまり知られていないものには the は付けられないという傾向があります。

(60) *The Akashi bridge* is likely to be the last Japanese mega-project this century. （明石海峡大橋は日本の今世紀最後の大規模プロジェクトになりそうだ）

　類例: the Peace Bridge [米加間]; the Golden Gate Bridge; the Brooklyn / Manhattan / Minneapolis / Normandy Bridge

(61) Tsuboi was walking on *Miyuki Bridge* on his way to the university.
（坪井は大学に行く途中で御幸橋を歩いていた）[広島市内]

　類例: φ London / Westminster Bridge [London 内]

　比較: a. *The Aioi Bridge* now marks the north entrance to Peace Memorial Park. （相生橋は今では平和記念公園への北入り口の目印になっている）

　　　　b. Ogura said days leading up to Aug. 6 had

been marked by increased air raids, all using *Aioi Bridge* as a target.
(小倉が言うには，(原爆投下の) 8 月 6 日までの日々の特徴は，日増しに空襲が激しくなっていき，どれも相生橋を標的にしていたとのことだ)

類例： (the) Sydney Harbour Bridge; (the) Denton Bridge [豪]; (the) Wellington Suspension Bridge [Aberdeen 市内 (Scotland)]

比較の例のように，あまり大きくない橋は the が付けられたり付けられなかったりすることがあります。これは慣用が定まっていないためでもあり，また話し手がその橋を愛称(符丁; ☞ §1)扱いしているためでもあります。

8.7.1.8. 船

船名にはしばしば the が付けられますが，(63) のように，個人的または家族・友人で私的に使用されるボートやヨットは，原則的に，無冠詞で用いられます。そのような船は愛称(符丁; ☞ §1)扱いされるからです。愛称扱いのときは軍艦のように大きな船も無冠詞で用いられます (例: (the) Yamato)。

(62) The document said four crew members aboard *the Atago* were missing and a radar had been left unattended when it crashed.
(記録文書によると，(漁船に)衝突したとき，あたごの乗組員 4 人は持ち場を離れており，レーダーは監視されていなかった)

類例： the Titanic (タイタニック号); the Toya Maru (洞爺丸); the Queen Elizabeth 2 (エリザベス 2 世号) [大型

船は数字付きでも the をとる；☞ §1.3]

(63) It was the same boat we learned to sail in. Romantic, eh? We named her *Contigo*, which means 'with you' in Spanish. （（購入したのは）航海を習ったときに乗っていた練習用ボートだった。ロマンチックだろ。それをコンティゴ号と命名した。スペイン語で「君とともに」という意味だ）［個人所有；第 3 章 (46) も参照］

8.7.1.9. 病　院

病院名 (Hospital) は，原則的に，イギリス用法では（豪でも）the が付けられ，アメリカ用法では無冠詞で用いられます。

(64) She is in a serious condition at *the University of Wisconsin Hospital* in Madison, he said.
（下記 (65) の訳参照）(BBC, Nov. 6, 2007)〈英〉

類例：　the North Devon Hospital; the Royal Edinburgh Hospital; the Royal Victoria Infirmary; the Royal Orthopaedic Hospital in Birmingham; the Sir Charles Gardner Hospital in Perth; the Philippine General Hospital in Manila

(65) The 2-year-old sister of the twins, Jasmine, was in serious condition at *University of Wisconsin Hospital* in Madison. （双子の妹のジャスミン（2 歳）は，マディソンのウイスコンシン大学病院内で危篤状態だった）(CNN, Nov. 6, 2007)〈米〉[(a) serious condition に関しては，第 5 章 (28)［(a) critical condition］参照]

類例：　ϕ Columbia Presbyterian Hospital; ϕ Roosevelt Hospital; ϕ Yale New Haven Hospital; ϕ Washington Hospital Centre; φ Arlington Hospital in Virginia; φ Mercy Hospital in Laredo, Texas; φ Royal Prince Alfred Hospital in Sydney; φ United Christian Hospital in Hong Kong; φ Hospital Permai in Johor Baharu, Malaysia［最終例中の Hospital は肩書き扱い］

Clinic には the が付けられます。

(66) *The Mayo Clinic* has long been synonymous with excellence in medicine．（メーヨークリニックは以前から優れた医術と同義語だった）［Minesota 州，Rochester 市内］

類例： the Cleveland Clinic［Ohio 州，Cleveland 市内］；the Hillcrest Clinic［Virginia 州，Norfolk 市内］；the Portland clinic［Oregon 州，Portland 市内］

8.7.2. the をとる固有名詞

前節では，the をとる場合ととらない場合とがある地名および建造物を取りあげて，固有名詞が the をとるかとらないかは指示物の同定可能性（大きさや広さ，知名度など）によって決定される傾向が強いことを見ました。本節では，the をとるのがふつうである固有名詞を項目ごとに列挙します。

8.7.2.1. 砂漠／高原／森林

「砂漠」，「高原」，「森林」はみな大規模なので他地区の人々にも同定可能です。それゆえ，the をとります。これらが広大であることは，日本語でも「砂場」や「野原」，「林」と較べれば容易

に理解できるでしょう。(複数形の「平原」(Plains / Fields) に関しては §8.2.5 参照。)

(67) He took a year off from college to travel, for a trip down the Amazon and another across *the Sahara*.
(彼は旅行するため大学を1年休学した。一つの旅はアマゾンの川下りであり，もう一つはサハラ砂漠の横断だった)

 類例: the Gobi / Taklimakan (Desert); the Mohave Desert in California; the Sonoran Desert in southern Arizona

(68) It is known that in the past 20 million years, *the Tibetan Plateau* has risen three miles as the Indian subcontinent plowed into Asia. (過去2千万年に，インド亜大陸がアジアに入り込んでくるにつれて，チベット高原が3マイル高くなったことが知られている)

 類例: the Colorado Plateau; the Nullarbor (Plain) [豪]; the Pecos Wilderness in New Mexico

(69) Yet those living near *the Belanglo* continued to feel alarm at the possibility of a killer in their midst.
(しかし，ベラングロの森（豪，New South Wales）近くの住人は彼らのなかに人殺しがいるのではないかという可能性にずっと不安を感じていた) [the Belanglo (State) Forest とも言う]

 類例: the Yale(-Myers) forest [Yale 大学所有]; the Angeles National Forest; the Headwaters forest [どちらもカリフォルニア州内]

8.7.2.2. 電車／バス／宇宙船

電車，バス，ヘリコプターなども the をとります。電車・バスは，（私的所有以外の）船と同様に，公共の乗り物であり，同定可能のはずだからです。ヘリコプター・宇宙船も公共の乗り物に準じて the をとります。

(70) One morning I took *the Shinkansen* or Bullet Train, south from Tokyo on my way to Fukuoka. （ある朝，東京から福岡へ南下するのに新幹線,つまり弾丸列車に乗った）

類例： the Venice-Simplon-Orient Express; the Thames Express [Brighton と Stratford-upon-Avon を結ぶ電車]; the Green Mover [広島市内の路面電車名]

(71) On June 15, 2000, Wali Bennett took *the Metro liner* from New York to Philadelphia, arriving at 30th Street Station at around 11:30 a.m.
（2000年6月15日，ワリ・ベネットはニューヨークからフィラデルフィアまでメトロライナーに乗車し，午前11時半ごろ30番通り駅に到着した）[バス名; 本来は路線名]

類例： the Flower / Peace / Reed Liner [広島市発のバス名]

(72) A carpet of green treetops spread out beneath the whirring blades of *the Blackhawk* as far as the eye could see. （ブラックホークの旋回する羽根の下には，目の届くかぎり，木々の頂が緑のカーペットをなして広がっていた）[ヘリコプター名]

類例： the Enola Gay / Starlifter [飛行機名]

(73) Houston, Tranquility Base here. *The Eagle* has landed. （ヒューストン，こちら静かの基地。イーグル号着陸しました）[Apollo 11号の月着陸船]

類例: (the) Challenger / Discovery ［スペースシャトル名；最近は無冠詞の愛称扱いも一般的（☞ §1）］

参考 7

1) 人工衛星名は the をとりません。利用者が限られているので，私的に使われる船と同様な扱いをされるためと思われます。例: ϕ Sputnik / Mir / Atlantis。

2) 飛行機は，一般的には，固有の名称は与えられず，「製品」扱いされるか，"Flight + 数字" で呼ばれるかのいずれかです。例: a Boeing 737; United Airlines (UA) Flight 175。

8.7.2.3. ホテル／劇場など

ホテルや劇場などの名前には the が付けられます。集客施設なので，だれにでも同定可能なはずだからです。Hotel / Restaurant / Bar などは省略可能ですが，Theater / Cinema は省略しないのがふつうです。

(74) a. He went to meet Mr. Diallo's parents at *the Rihga Royal Hotel* at 8:30 AM.
   （彼はリーガロイヤルホテルで 8 時半にディアロ氏の両親と会うために出かけた）

   b. The conference is being held at *the Rihga Royal* in New York City.
   （会議はニューヨークのリーガロイヤルホテルで開催中だ）

   類例: the Hilton (Hotel); the Dream Motel; the Railway Inn; the Hotel Vancouver ［Hotel が名詞に先行する場合も the が付けられます］

(75) a. Leaning across the table at *the Hi Boy restaurant* in Independence, Missouri, Harlond "Bob" Haw-

8 それとわかれば the を付ける　173

ley listened to his son David with growing excitement. (ミズーリ州，インデペンデンスのハイボーイレストランで，ハーロンド・ボブ・ホーレイはテーブルから身を乗り出して，息子のデービッドが言うことをだんだん興奮しながら聞いた)

b. Everyone — Bob, David and his younger brother Greg, and their old friend Jerry Mackey, owner of *the Hi Boy* — began talking all at once.
(みんなが一斉に話しはじめた。ボブも，デービッドも，彼の弟のグレッグも，彼らの旧友でありハイボーイ（レストラン）のオーナーであるジェリー・マッケイも)

類例: the Stardust (Bar); the Mason Jar (rock bar); the Beachy Head ［パブ名; φ Beachy Head は英国南部の岬の名前 (☞ §8.7.1.4)］

(76) a. Five decades after it closed in Harlem, *the Savoy Ballroom* is still revered. (ハーレムで閉鎖して50年だが，サヴォイダンスホールはいまなお称えられている)

b. That's where *the Savoy* used to be.
(そこはかつてサヴォイがあったところだ)

(77) At this moment, *the Goodman Theater* of Chicago may be the most exciting theater in America.
(現時点ではシカゴのグッドマン劇場が米国でいちばん刺激的な劇場であるかもしれない)

類例: the Curran Theater ［San Francisco 市内］; the Delacorte Theater ［Central Park 内］; the Drury Lane Theater ［London 内］; the Olivier Theater ［London 内］

(78) "Knocked Up" is hanging on at *the Quad Cinema* in

Greenwich Village.（「ノックトアップ」はグリニッチヴィレッジのクオッドシネマで上映中だ）

> 類例： the Galaxy Cinema [Hollywood 内]; the SoNo Cinema [South Norwalk 市内]; the Sunshine Cinema [Manhattan 内]

8.7.2.4. 動物園／博物館／図書館／研究所／大学

動物園や博物館（記念館，美術館），図書館，研究所の名前にも，原則的に，the が付けられます。これらはだれにでも利用可能な施設なので，同定可能なはずだからです。

(79) At *the London Zoo*, visitors can talk to the animals.（ロンドン動物園では来園者は動物に話しかけることができる）

> 類例： the American National Zoo; the Indianapolis / Omaha / Phoenix Zoo

(80) Does *the Holocaust Museum* solve it?（ホロコースト記念館はその解決になるだろうか）

> 類例： the British Museum; the Brooklyn Museum of Art; the Monet / Van Gogh Museum; the Peace Memorial Museum [広島市内]; the Titanic Museum; the Louvre (Museum)

(81) *The Bodleian Library* is generally acknowledged to be one of the best in the world.（ボードレアン図書館は世界でもベストの一つだと広く認められている）

> 類例： the British / Greenwich Library; the Clinton / Donnell / Lincoln / Roosevelt Library; the Boston / Detroit Public Library

(82) a.　*The Smithsonian Institution* was founded by James Smithson.（スミソニアン研究所はジェイムズ・スミッソンによって設立された）

　　 b.　I believe the American people think of *the Smithsonian* as museums of gadgets, or the nation's attic.
（私の信じるところでは，米国人はスミソニアンを機械類の博物館もしくは米国の屋根裏部屋だと思っている）

　類例：　the Carnegie / Hoover Institution; the Baltimore / Brookings institution

大学名が the をとるかとらないかは構造的に決定されます。地名／人名で始まる大学名は the をとらず，*of*-phrase を伴う大学名は the をとります。[11]（研究所名は"地名＋Institute"という構造でも the をとります。上例参照。）

(83) a.　James Tobin, 65, is teaching at *Yale University*.
（ジェイムズ・トビン氏（65歳）はイエール大学で教鞭をとっている）

　　 b.　The scientists — at *the University* of Wisconsin and *the University* of Kyoto in Japan — used the same approach for their simultaneous coup.
（科学者たちは――ウィスコンシン大学と日本の京都大学とで――同じアプローチを用いて同時に成功をおさめた）

11.　インターネット上では，(the) Ohio State University のように，地名／人名で始まる大学名に the が付けられることもあります。書きことばでは the University of X のパタンが好まれます（Heaton and Turton (1987: 281)）。

類例: (a) φ Cambridge / Edinburgh / Oxford / Washington University; Pacific Western University [Los Angeles 市内]; Middlebury College [Vermont 市内]; Baylor College of Medicine [Houston 市内]

(b) the University of California / Melbourne / Michigan; the University of Colorado Medical Center; the University of Utah School of Medicine; the Queensland Institute of Medical Research

8.7.2.5. 新聞／雑誌

人工の建造物ではありませんが,出版物も人の手によるものなので,ここであげておきます。新聞は日刊であるため同定可能性が高いので the をとりますが,雑誌の多くは月刊(または季刊)であるため同定可能性が低いので必ずしも the をとりません。定期刊行物が the をとるかとらないか不明な場合は,検索サイトで調べればたいてい解決できます。ただし,サイトには間違いも多いので,当該の定期刊行物のホームページで確認することが必要です。その際,見出しなど冠詞が落とされる文脈 (☞ §9.5) 以外で用いられていることの確認も必要です。

(84) Brenda contacted *the Los Angeles Times*.
(ブレンダはロサンゼルスタイムズ紙に連絡した) [新聞名]

類例: the *Daily News*; the *Guardian*; the *New York Times*; the *Washington Post*; the *Observer* [新聞・雑誌名は,通例,斜字体で表記されます]

(85) I often thought that I would write a story about him

　　　　　for *Reader's Digest*. (彼に関する話をリーダーズダイジェストに書こうかと何度も思った)[雑誌名]

類例：　*ϕ Cigar Aficionado*; *ϕ Extension Magazine*; *ϕ Nintendo Power magazine*; *ϕ Rolling Stone* magazine

比較：　Eating yogurt can help reduce yeast infections, according to a study in *the Annals of Internal Medicine*. (内科学年報中の研究論文によると、ヨーグルトを食べれば酵母菌感染を減じる効果がある)[雑誌名中の普通名詞が *of*-phrase などによって限定されているときは the が必要です。類例: *the American Journal of Clinical Nutrition; the Journal de Quebec*]

8.8.　修飾語句＋人名／地名

　修飾語句を伴うとき、固有名詞は冠詞をとることがあります。本節では、定冠詞、不定冠詞および無冠詞の順に見ていきます。

8.8.1.　定冠詞

　同一人物（または場所、事物）の別の姿（様相、側面）との比較対照（あるいは、区別）が含意されるとき、固有名詞は the をとります。固有名詞に関係詞節または *of*-phrase が続くときはほぼ例外なく the が付けられます（§8.1.1 も参照）。

(86) a.　*The Clinton* I know is *the Clinton* I show in this book. (私が知っているクリントンは本書で示しているクリントンだ)[関係詞節]

　　 b.　*The Clinton* of 1995 looks nothing like *the Clinton*

of 1992.

((大統領就任後の) 1995 年のクリントンは 1992 年のクリントンとはまったく別人のようだ) [*of*-phrase]

"形容詞＋固有名詞" に the が付けられることもあります。典型的には，枕詞 (§4.4.3.4) が固定化してきたときです。

  c. Chaucer's superiority to the "*moral Gower*" is immeasurable.（チョーサーのほうが「道徳者ガウア」よりも優れていることは計りしれない）[(88) と比較]

 類例: the great / mighty Caesar; the lanky Randy Johnson; the stoic Ichiro

8.8.2. 不定冠詞

人物（または場所，事物）が形容詞など修飾語句を伴って，その一時的な姿（様相）を表すときは a / an をとります。

(87) A statue of Mary Magdalen comforting *a crucified Christ* apparently escaped harm.
（はりつけになったキリストを慰めているマグダラのマリアの像は危害を免れたようだった）

 類例: a colossal / competent / dead / deathless / historical / living / majestic / potential / real / resurrected / risen / sinless / sovereign / supernatural / theological / young Christ; an angry / exalted / innocent / intellectual / irresolute / unknown / unspoken Christ

8.8.3. 無冠詞

"φ＋修飾語句＋固有名詞"という構造には二つの場合があります。一つは，修飾語句が固有名詞の本来的・恒常的な特徴を述べるときです。たとえば，(88) におけるように，無冠詞のときの修飾語句は，いわば，枕詞として (☞ §4.4.3.4)，人物（または場所，事物）の特徴を装飾的・感情的に述べるのに用いられています。(枕詞と固有名詞との関係が固定化してくると the が付けられます (☞ §8.8.1)。)

(88) …, while *moral Gower* brings out all of the conventional objections. （それに対し，道徳者ガウアは紋切り型の反対論を総動員する）[(86c) と比較]

類例： fat Benjamin Harrison; hazel-eyed Jamie; plucky Richard; quietly spoken Cono; dynamic Singapore; gentle, leafy Harrogate; status-conscious South Korea

第二は，(89) のように，修飾語句が歴史的・地理的な区分を表す場合です。このとき，"修飾語句＋固有名詞"は，もとの固有名詞の下位分類を表しています。

(89) The Ainu lived in *northern Japan* for thousands of years before the migration of other Japanese to Hokkaido in the 19th century. （アイヌ民族は，他の日本人が 19 世紀に北海道に移住する以前，数千年にわたって北日本に居住していた）[the Ainu に関しては §8.2.4 参照]

類例： Central / East(ern) / Norh(ern) / South(ern) / West(ern) Asia; gold rush Californiar; avant-garde Paris; (pre-)revolutionary France; suburban Washington; Victorian England; war-torn Germany

8.8.4. 年齢＋人名

"年齢＋人名"の場合は the が付けられることも付けられないこともあります。the が付けられるときは，「当時」何歳だったかを明示します。したがって，事件や出来事との関連で年齢が記述されるときは，the をとるほうがふつうです。

(90) a. She also meets *seventeen-year-old Jesse Tuck* and his family;（彼女はまた17歳のジェッシー・タックと彼の家族とも出会う）[Jesse Tuck は初出；読み手には彼の年齢に関する知識なし]

b. then after dinner on the feast of the Epiphany he watched a bear-baiting with *the seventeen year old Princess Elizabeth*. （そして，顕現の祭日の正餐ののち，(当時) 17歳のエリザベス王女とクマの責め立てを見た）[Princess Elizabeth は既出；1550年の時点での年齢]

8.9. the がなくてもよい場合

すでに見たように，同一の固有名詞が the をとったりとらなかったりする場合があります（例：(the) Aioi Bridge（例 (61) 比較））。この区別は，話し手／書き手が当該の事物を同定可能なものと判断するか，それとも符丁扱いするか，という選択によります。次の例も同様です。

8 それとわかれば the を付ける　181

(91) a. *The Peace Memorial Park* in Hiroshima features a one-story exposed-concrete museum designed by Mr. Tange atop short pillars.
(広島市の平和記念公園の特徴は, 短いピラー上にある1階建ての展示館がコンクリートむきだしの状態であることだ。これは, 丹下氏の設計によるものである)［正式名称］(*NY Times*, March 23, 2005)

b. Earlier in the day he was joined by the jazz artists Herbie Hancock and Wayne Shorter in a visit to *Peace Memorial Park* in Hiroshima. (当日, それに先だってジャズ奏者のハービー・ハンコックとウェイン・ショーターとともに (Carlos Santana は) 広島市の平和記念公園を訪れた)［通称］(*NY Times*, Aug 3, 2005)

(92) a. *The Webster's dictionary* defines gimmick as "an ingenious new scheme or angle." (ウェブスター辞典は「工夫」を次のように定義する:「巧妙な新しい企画あるいは見方」)［正式用法］(*NY Times*, May 19, 2005)

b. *Webster's Dictionary* defines a lie as, "To make an untrue statement with intent to deceive."
(ウェブスター辞典は「嘘」を次のように定義する:「だます意図をもって事実でない供述をすること」)［一般的用法］(*NY Times*, Nov 24, 1991)

(93) a. NASA's shuttle fleet has been grounded since *the Columbia* broke apart on Feb. 1, 2003, as it returned from a mission.
(2003年2月1日, 任務から帰還中, コロンビアが分解して以来 NASA の宇宙船隊は地上に置かれたままになっている)［正式名称］(*NY Times*, Jul 21, 2005)

b. [The agency] hoped to launch *Columbia* from

Cape Canaveral on Tuesday.
(宇宙局は火曜日にケープカナベラルからコロンビアを打ち上げることを望んだ) [愛称扱い; (the) Challenger なども同様] (*NY Times*, Sep 13, 1990)

9　限定詞の省略

9.　本章の目的

本章では a / an や the あるいは my / his / some / any / every など限定詞が省略される文脈を見ていきます。

9.1.　等位接続詞のあと

9.1.1.　and による並列

すでに述べましたが (☞ §7.1)，同一の人物もしくは事物が二つ (以上) の役割を「兼任」あるいは「兼用」するとき，通例，a / an は最初の名詞の前だけに付けられます。[1]

(1)　John S. Radosta spent 38 years with The New York Times *as a photo editor* and *reporter*.
　　(ジョン S. ラドスタは写真編集者とレポーターを兼ねてニュー

　1.　名詞部が並列されるときは無冠詞でなければならない，というわけではありません。
　(i)　Mr. Heidemann has worked at Stern as *a photographer* and *a reporter* since 1951. (ハイデマン氏はカメラマン兼レポーターとして 1951 年以来シュテルン出版に勤務してきた)

ヨークタイムズに 38 年勤務した）

> 類例： a composer and ϕ conductor; a correspondent and ϕ editor; a diplomat and ϕ negotiator; a legislator and ϕ jurist; a musician and ϕ performer

and で結ばれる二つ（以上）の名詞が兼任や兼用を表さない場合でも，2 番目（以後）の名詞部の前では冠詞（または他の限定詞）はしばしば省略されます。別物であることが明白だからです。

> (2) The cell with *a bunk bed*, *toilet*, *sink* and *table* has solid walls. （独房には二段ベッド，トイレ，流し，テーブルがあり，壁は強固だ）［列挙］
>
> 類例： a computer and ϕ printer; basic furniture like a sofa, ϕ bed, ϕ dining table and chairs

9.1.2. or による並列

類義の名詞部が or によって並列されるとき，後ろの名詞部はしばしば限定詞なしで用いられます。

> (3) Skim off fat with *a ladle or spoon*.
> （お玉じゃくしかスプーン（のようなもの）で油脂をすくいとりなさい）
>
> 類例： a bowl or ϕ platter; a casserole or ϕ saucepan; a fire-place or ϕ wood stove; a priest or ϕ deacon; a stylus or ϕ pen

類義でない名詞部が or によって並列されるときは,冠詞が反復されます。

(4) Is he *a madman* or *a visionary*?
（彼は狂人なのか予知能力者なのか）

類例： a bank or a department store; a doctor or a nurse; a fireman or a cop or a teacher or a salesman

9.2. ペア

名詞同士が,修飾語句を伴わないで,ペアもしくは対を成すときは,a / an や他の限定詞は付けられません。これらの語群は「関係」を表し（親族関係,主従関係,位置的関係など）,「関係」は「働き」の下位区分だからです（第3章参照）。もっとも頻繁に観察されるのは between のあとです。both あるいは neither … nor / either … or と共起するときも,しばしば無冠詞で用いられます。

9.2.1. between; both; neither … nor; either … or

(5) Mr. Weeks is talking about a series of alliances—between *student* and *teacher*, *teacher* and *parent*, *town* and *gown*, *public* and *private*.
（ウィークス氏は一連の連携について述べている。学生と教師,教師と親,市民と大学関係者,公と民の連携である）

類例： between church and lab; between immigrant and native; between pet and owner; between spirit and body; between shoulder and ear; between thumb and forefinger

(6) Both *father* and *grandfather* were professional soldiers.（父も祖父も職業軍人だった）

類例： both brother and sister; both father and son; both husband and wife; both mother and daughter; both teacher and student(s): both writer and reader

(7) But when confronted with evidence, neither *father* nor *son* could deny it any longer.（しかし，証拠を突きつけられると，父子とももはや否定できなかった）

類例： neither father nor daughter; neither husband nor wife; neither mother nor father; neither parent nor child; neither soldier nor civilian; neither dog nor pig

(8) By law, there is no alimony unless either *husband* or *wife* is unemployed.（法律により，夫または妻が失業中の場合以外は，離婚扶養料はない）

類例： either child or parent; either mother or father

参考1 between / both ＋ 冠詞付き名詞部
冠詞付きの名詞部が between などとともに現れることもあります。

(i) I believe marriage is between *a man* and *a woman*.
（私の信じるところでは，結婚とは1人の男性と1人の女性との間のものだ）［独立の個体］

(ii) Cheryl's story was both *a shock* and *a comfort* to the children.（シェリルの話は子どもたちにとってショックでもあり慰めでもあった）

(iii) I have received neither *an acknowledgment* nor *a reply*.
(承認も返事も受け取っていない)

9.2.2. その他の文脈

上では both A and B という表現中で A と B が無冠詞で用いられる例を見ました。both なしでも，二つの名詞部が and で結ばれてペアを構成するときは，しばしば無冠詞で用いられます。(三幅対の場合も同様。)

(9) a. Together, *father* and *son* studied the mysteries of nature. (父子ともに自然の神秘を学んだ) [主語]
   b. We don't have to play *father* and *son* because we are *father* and *son*. (父子を演じる必要はない，実の父と子だから) [動詞の目的語および補語; play のあとの無冠詞に関しては §3.1.4 参照]
   c. And it is time for us to give space and calm and peace to *father* and *son* so that they can begin to reunite. (父親と息子が再度結ばれるように，居場所と平穏と安らぎを与えるときだ) [前置詞の目的語]

名詞部がペアを構成するときだけでなく，三つ以上の項目が列挙されるときも，冠詞など限定詞はしばしば省略されます。[2]

---

2. 列挙中に複数形が現れることもあります。次の例では，複数の種類のマスクラット，ビーバー等を指しているためと思われます。

(i) The island also supports *muskrats*, *beavers*, red fox, mink, weasel, *woodchucks*, even a herd of more than 25 deer.
(その島にはマスクラット，ビーバー，キツネ，ミンク，イタチ，ウッドチャック，さらには 25 頭以上のシカの群れさえも棲んでいる)
(*NY Times*, Mar 16, 1980)

(10) On May 6, the United States Fish and Wildlife Service announced that in the fall it intended to permit trapping in Supawna for *fox*, *raccoon*, *opossum*, *weasel*, *skunk*, *muskrat*, *mink* and *otter*.
((1988年)5月6日,合衆国魚類野生動物庁の発表によると,同庁は今秋サポーナ地区で以下の動物を罠で捕獲するのを認める方針だ——キツネ,ラクーン,オポッサム,イタチ,スカンク,マスクラット,ミンクおよびカワウソ)

ペアが or によって結ばれるときも,しばしば,無冠詞で用いられます。

(11) To ask the question does not insult the integrity of *father* or *son*. (その質問をしてもご尊父やご子息の高潔さを辱めることにはならない)
　類例:　(be fatal to) mother or baby; (no happy ending) for mother or daughter; (to determine) friend or foe

and で結ばれた2語(以上)の名詞句が副詞的に用いられるときも冠詞をとりません(§3.6も参照)。

(12) The US government swallowed these Israeli proposals *hook*, *line* and *sinker*.
(米政府はイスラエルの提案を全面的に呑んだ)
　類例:　(love a person) body and soul; (be bound / tied) hand and foot; (grip a person) heart and soul

9.3. 構造的省略

9.3.1. タイプ: three times a day / 180 calories per cup

three times a day や 180 calories per cup などの表現では冠詞は不要です (a *a day / per *a cup)。特定の何月何日とかどういう色, どういうサイズといったことを指すのではないからです。歴史的には, このパタン中の a は前置詞とされていますが (OED, s.v., a *prep 1*, 8b; a *a 2*, 4), 現代では, 不定冠詞と同様, 母音の前では an が用いられます。

(13) a. My daughter changes her clothes at least three times a *day*.
(娘は1日に少なくとも3回は着替えをする)

b. The helicopter can zip along at about 150 kilometres an *hour*.
(そのヘリコプターは時速約150キロで飛行できる)

c. Vegetarians might try the vegetarian chili (180 calories per *cup*). (菜食主義者ならベジタリアンチリにするのもよいだろう (1カップ180カロリー))

9.3.2. 文　頭

9.3.2.1. タイプ: Fool as/that I am

"名詞部 + as/that he is" というタイプの挿入的語句中では, 名詞部は冠詞をとりません。

(14) a. In parenthetic affirmations, e.g. '*fool* as I am,' *that* is more common than *as*. ('fool as I am' (私は愚かだが) のような挿入的断言では, as よりも that のほう

がふつうである）(OED)

b. Brilliant advertising *man* that he is, Mr. Saatchi has also been especially adept at promoting the artists he collects.
(才気あふれる広告業者なので，サーチ氏は自分が収集している画家の売り込みにも特に巧みだ)

9.3.2.2. タイプ: Fact is,

"Fact / Problem / Trouble is / was" などは，しばしば挿入的に，冠詞なしで用いられます。その場合，通例，be のあとにコンマが置かれ，名詞節を導くための that は省略されます。

(15) a. *Fact* is, it ended up in the trash compactor at his Potomac home. (実は，それはポトマックの自宅のごみ圧縮機に投げ込まれたのだ)

b. *Problem* was, he had to use the bathroom.
(問題は，彼がバスルームを使用しなければならなかったということだ)

c. *Trouble* was, all of this didn't correspond to reality. (困ったことに，すべてが現実に対応していなかった)

参考 2 The fact is

正式な文体では fact などの前に the が付けられます。

(i) *The fact* is we weren't prepared to go into Iraq in 1991.
(事実は，1991年にはイラクに進入する準備ができていなかったということだ)

9.3.2.3. タイプ: Same to you

same が文頭に現れるとき，しばしば the は落とされます。

(16) a. *Same* with education.
(教育も同様だ)［(It is) the same with education. も可］
b. *Same* to you, fella! (お前さんも同様だよ)

比較： All *the same to you*.［all が先行するので the が必要］

9.3.2.4. 間投詞扱い

発話中で名詞が間投詞的に用いられるときは，通例，冠詞をとりません。

(17) a. Then Chriss yells, "*Man* down ... We've got <u>a man</u> down," and I imagine one of my group engulfed and burned. (そのときクリスが叫ぶ，「倒れた，人が倒れたぞ」と。私は，グループの1人が火に包まれて火傷をしたのだと思う)［... は原文］(Richard Bangs, 2007, *Adventures with Purpose*)
b. "You *bitch*!" she screamed.
(「あばずれのくせに！」と彼女は叫んだ)
c. "Poor *thing*, she looks sick."
(「かわいそうに，具合が悪いようだ」)

9.4. 付帯的表現

9.4.1. タイプ: with pen and notebook

and で結ばれた2語 (以上) が with に後続するとき，これらの名詞は限定詞なしで用いられることがあります (§9.1.1; §9.2

参照)。

(18) a. Rather, he captures the singular moment on paper with *pen* and *paintbrush*.
   (と言うよりも，彼はペンと絵筆によって稀な一瞬を画用紙の上にとらえるのだ)

   b. In his office at home, with *computer* and *fax machine*, are photos of the Air Force Boeing 707.
   (コンピュータとファックスを備えた，彼の自宅の事務室には空軍のボーイング 707 の写真がある)

   c. A red flag with *hammer* and *sickle* flew in the crowd. ((旧ソ連の) ハンマーと鎌の赤い国旗が群衆の中ではためいた)

9.4.2. タイプ: microphone in hand

「X を手にもって」という意味を表す "X(s) in hand" は，しばしば無冠詞で用いられます。

(19) a. *Microphone* in hand, he rattled off the names of the concert's corporate sponsors.
   (マイク片手に，彼はコンサートのスポンサー会社の名前を矢継ぎ早に言い立てた)

   b. Mr. Daschle, *pen* in hand, took notes throughout.
   (ダシュル氏は，手にペンをもって，その間ずっとメモをとっていた)

   c. Coco, *bag* in hand, turned to the two of us.
   (ココは，手にカバンをもって，私たち二人のほうを向いた)

   類例: φ guitar case in hand; shotgun in hand; walking stick in hand

9 限定詞の省略　193

次も同じパタンです。

- d. "It's going to be the epic battle," Stewart said, *tongue* in cheek. (「歴史的な戦いになるだろう」とスチュワートは冗談めかして言った)

- e. Do I stay with this man or do I get back out there, *tail* between my legs?
(この人と結婚生活を続けるのかしら，それともしっぽを巻いて元に戻るのかしら)

まれに動詞に後続するときも無冠詞で用いられることがあります。

- f. He had *leash* in hand, while the dog trotted happily away on the treadmill. (彼は引き綱を手にもち，犬は喜んでトレッドミルの上を走り続けていた)

参考3 類似タイプ

下のいずれのタイプも可能です。microphone の例はすべて *New York Times* 紙からです。どのタイプを使用すべきかに関して文体上の制限はないようですが，日本人には with a microphone in his hand というタイプを選ぶのが無難と思われます。

1a)　with a microphone in his hand
  (i) Nearby, Santa Claus, with *a microphone* in his hand, asked children what they wanted for Christmas.
  (近くで，サンタクロースがマイクを手にしてクリスマスには何が欲しいかと子どもたちに尋ねた)

1b)　with a microphone in ϕ hand
  (ii) He wanders the Bronx with *a microphone* in hand …
  (彼はマイク片手にブロンクスを歩き回る)

2) with φ microphone in φ hand
   (iii) Carole Simpson ... roamed the stage with *microphone* in hand. (キャロル・シンプソンはマイクを手にステージを歩き回った) [with φ microphone の後では in φ hand のみ可; × with φ microphone in his hand]

3a) a microphone in his hand
   (iv) The young man held a boom box in his lap, *a microphone* in his hand. (その若者は，手にはマイクをもち，膝には大型ラジカセをおいていた)

3b) a microphone in φ hand
   (v) The game was halted as a woman ... walked to the infield, *a microphone* in hand. (女性がマイクを手にして内野へと歩いて行ったときゲームは中断された)

4) φ microphone in φ hand
   (vi) (= (19a)) Microphone in hand, he rattled off the names of the concert's corporate sponsors.

5) X in hands

両手にもっていることを明示するときは hands を用います。

   (vii) At my desk, *head* in hands, I would wait for classwork to begin. (自分の机で，両手でほおづえをついて，授業が始まるのを待った)

限定詞が付けられることもあります。

   (viii) Addled, Johnson paused and leaned against a fallen tree, his *head* in his hands. (混乱して，ジョンソンは立ち止まり，倒木に寄りかかって頭を両手に抱えた)

9.4.3. タイプ: heart pounding

分詞構文の意味上の主語も，しばしば，無冠詞で用いられます。

(20) a. I sat up in bed, *heart* pounding in my chest.
(ベッドに起きあがった，心臓が胸で早鐘を打っていた)

b. A freight train rumbles by, *horn* blaring.
(警笛を鳴らしながら，貨物列車が轟音をたてて通り過ぎていく)

c. "I want to go hooome," he pleaded with an intense gaze, *chin* quivering. (「おうち～に帰りたい」と，あごを震わせながら，彼は真剣な眼差しで嘆願した)

次のような例も一種の分詞構文なので，このタイプに含めることが可能です。

(21) a. He wouldn't have found his son sleeping on his stomach, *head* turned to the left.
(彼は，息子が頭を左に傾けて，うつぶせに寝ているのを見てはいなかっただろう)

b. Deepak Chopra begins his day in the study of his La Jolla home, *mind* focused, *body* relaxed, deep in meditation. (ディーパク・チョプラは，精神統一し，身体の力を抜き，深く瞑想して，ラ・ホーヤにある自宅の書斎で一日の仕事を始める)

c. Weary but proud, *tie* loose but *shirt* buttoned, Matsui sat before his locker with a Sharpie in hand. (疲れてはいたが誇らしげに，ネクタイはゆるめているがシャツのボタンはとめたまま，シャーピー（マーカー）を手に，松井は自分のロッカーの前に座った)

参考4 複数形

分詞構文の意味上の主語が複数形のときも限定詞なしで使われることがあります。

(i) "If I find it, I'll donate it to an Italian museum," he said, *eyes* twinkling.（「見つけたらイタリア博物館に寄付しますよ」と彼は目を輝かせながら言った）[his eyes twinkling]

9.5. 省略的文体

9.5.1. 見出し／キャプション／かっこ内／ト書き／注

見出しやキャプションでは，冠詞など限定詞はしばしば省略されます。

(22) a. *Mass grave* discovered in Iraq
   （イラクで大量の墓発見）[見出し]

   b. Construction workers found *a mass grave* containing the remains of up to 20 people, Hilla police told CNN.（建設作業員たちが最大20人の遺体を含む大量の墓を発見した，とヒラ警察はCNNに語った）[本文]

(23) a. *Gecko* found in *egg*
   （卵中にヤモリ発見）[キャプション]

   b. Peter Beaumont broke open *an egg* and was shocked to find *a dead gecko* inside.
   （ピーター・ボーモントは卵を割ったところ，中に死んだヤモリを発見してショックを受けた）[本文]

かっこ内，注，ト書きなどの補足的説明でもしばしば冠詞など限定詞は省略されます。

(24) a. (address on *opposite page*)
   （住所は反対側ページ）[かっこ内]

   b. Chanel, on *the opposite page*, was three months

old.
(反対側ページのシャネルは生後 3 か月だった)［本文］

(25) a. *Lincoln Library* has now replaced its collection of books, and is raising money for a new building.
(現在リンカーン図書館は蔵書を入れ替え，新館のための拠金を募集中です)［巻末注］

   b. *The Lincoln Library* reopened on August 12, upstairs at Burnham Hall, with about 2000 books.
(8 月 12 日にリンカーン図書館はバーナムホールの 2 階で約 2,000 冊の本を備えてリオープンした)［本文；☞ §8.7.2.4］

(26) *Name* changed to protect privacy.
(プライバシー保護のため名前変更)［脚注］

(27) *Girl*: "What would you give a man who has everything?"

   Friend: "My phone number."
(少女:「何でももっている人に何をあげるの？」 友人:「私の電話番号よ」)［ト書き］

9.5.2. 決まり文句

決まり文句にはしばしば省略的文体が用いられます。

(28) a. *Case* closed. (これにて一件落着)
   比較: The *case* is closed. (本件はこれにて終了とする)
   b. *Case* in point: (要点)
   c. *Court* adjourned! (これにて閉廷)
   d. *Game* over. (万事休す)
   e. "*Mission* completed," he announces.

(「任務完了」と彼は告げる)

f. *Trick* or *treat*.
(お菓子をくれないといたずらするぞ)

参 考 文 献

1. 辞書・事典

Cambridge Dictionary of American English (CDAE)
Cambridge International Dictionary of English (CIDE)
Collins Cobuild English Dictionary (CCED, 第 1 版および第 3 版)
Longman Dictionary of American English (LDOAE)
Longman Dictionary of Contemporary English (LDOCE, 第 3 版)
MacMillan English Dictionary (McED) [本書では McED と略す; MED は, 本来, *Middle English Dictionary* の省略形]
Newbury House Dictionary (NHD)
NTC's American English Learner's Dictionary (NTC)
Oxford Advanced Learner's Dictionary (OALD, 第 5 版, 第 6 版, 第 7 版および第 8 版)
Oxford English Dictionary 2 (OED, 第 2 版)
Encyclopaedia Britannica 2001 (EB)
Grolier Multimedia Encyclopedia (GME)
[以上の辞書・事典は, CCED[1] と NHD を除いて, CD-ROM で利用可能]
『ランダムハウス英和大辞典(第 2 版)』(小学館, 1994) [『ランダムハウス』]
『新編英和活用大辞典』(研究社, 1995) [『活用』]

2. コーパス

The British National Corpus.
　　[http://sara.natcorp.ox.ac.uk/lookup.html] (BNC)
COBUILD English Collocations on CD-ROM, 1995, Harper-Collins, London. (ConCD-ROM)
ICAME Collection of English Language Corpora, 2nd ed., 1999, CD-ROM, The HIT Centre University of Bergen. [Brown, LOB を含む]

3. 検索サイト

http://news.google.com/archivesearch?hl = en&tab = wn&q =
http://sara.natcorp.ox.ac.uk/lookup.html

4. 参考にした著書・論文

安藤貞雄 (2007)『英文法を探る』開拓社, 東京.

Berry, Roger (1993) *Articles*, HarperCollins, London.

Biard, A. (1908) *L'Article Défini dans les principales langues européennes* I. *L'Article "the" et les caracteristiques différentielles de son emploi*, Gounouilhon, Bordeaux.［厨川文夫（抄訳）(1936, 1957)『定冠詞論』研究社, 東京.］

Christophersen, Paul (1939) *The Articles: A Study with Their Theory and Use in English*, Einar Munksgaard, Copenhagen.

Heaton, J. B. and N. D. Turton (1987) *Longman Dictionary of Common Errors*, Longman, London.

Hewson, John (1972) *Article and Noun in English*, Mouton, The Hague.

樋口昌幸 (1993)「冠詞の説明文法: 一試案」『近代英語の諸相』『近代英語研究』編集委員会（編）, 英潮社, 東京.

樋口昌幸 (1998)「英語の論文における冠詞の用法について」『広島外国語教育研究』Vol. 1, 105-120.［樋口・ゴールズベリ (1999)『英語論文表現事典』（北星堂書店）に再録.］

樋口昌幸 (2003)『例解 現代英語冠詞事典』大修館書店, 東京.

広瀬泰三 (1955, 1973)『名詞』大塚高信ほか（編）「英文法シリーズ」（第一集）, 研究社出版, 東京.

石田秀雄 (2002)『わかりやすい英語冠詞講義』大修館書店, 東京.

Jespersen, Otto (1947, 1965) *A Modern English Grammar*, Part VII, George Allen & Unwin, London. [*MEG*]

Kałuża, Henryk (1981) *The Use of Articles in Contemporary English*, Groos, Heidelberg.

金口儀明 (1970)『英語冠詞活用辞典』大修館書店, 東京.

Langacker, Ronald W. (1991) *Concept, Image, and Symbol: The Cognitive Basis of Grammar*, Mouton de Gruyter, New York and Berlin.

松本安弘・松本アイリン (1976)『あなたの英語診断辞書』北星堂書店, 東京.

織田 稔 (1982)『存在の様態と確認――英語冠詞の研究』風間書房, 東京.

織田 稔 (2002)『英語冠詞の世界――英語の「もの」の見方と示し方』研究社, 東京.

Ogden, C. K. and I. A. Richards (1923, 1969) *The Meaning of Meaning*, Routledge & Kegan Paul, London.［石橋幸太郎(訳) (1972)『意味の意味』新泉社, 東京.］

小倉 弘 (2005)「私の冠詞授業②」『STEP 英語情報』(2005, 11・12, 12-13, 日本英語検定協会.

Quirk, R., S. Greenbaum, G. Leech and J. Svartvik (1985) *A Comprehensive Grammar of the English Language*, Longman, London.

Swan, Michael (1980^1, 1995^2, 2005^3) *Practical English Usage*, Oxford University Press, Oxford.［吉田正治(訳) (2000)『オックスフォード 実例 現代英語用法辞典』研究社出版, 東京.］

Ullmann, Stephen (1962) *Semantics: An Introduction to the Science of Meaning*, Basil Blackwell, Oxford.［池上嘉彦(訳) (1969)『言語と意味』大修館書店, 東京.］

山梨正明 (1995)『認知文法論』ひつじ書房, 東京.

索　引

1. 日本語はあいうえお順。英語は ABC 順で最後に一括してある。
2. 数字はページ数を表す。§付きのものはセクション番号を表す。
3. n. は脚注を，f. は次ページに続くことを表す。

[あ行]

挨拶ことば　→§4.4.3.3
愛称　167, 172, 182　→符丁
安藤 (2007)　156n.
池　→§8.7.1.1
一族　→§8.2.2
一門　→§8.2.2
移動手段　→§3.2.1.1
意味　4n., 7n., 8, 40n., 91n.
文字　→§1.3
宇宙船　→§8.7.2.2
海　→§8.7.1.1
運河　→§8.7.1.3
映画館　→§8.7.2.3
小倉 (2005)　4
音　→§2.3

[か行]

下位分類　179
学問名　→§2.6.3.2
河川　→§8.7.1.3
可像名詞　4
肩書き　→§1.2
楽器名　→§3.1.5, §8.6.2
かっこ内　→§9.5.1
革　24
川　→河川
関係　→§9.2
　位置関係　59, 185
　時間関係　59
関係詞節　→§4.4.2
完結　4
感情　→§4.4.1.2.1
換喩的同定　→§8.4.1
慣用的表現　→§3.5, §3.6
関連語句　→§8.1.2
擬音　→§4.4.3.3
議会　15
記述的語句　→§4.4.3.4
擬人的（用法）　113
季節名　58
擬態普通名詞　→§1.5
記念館　174
機能　→§3.4
技法　27, 49
決まり文句　→§9.5.2.

キャプション →§9.5.1
競技大会 →§8.3.2.3
強調の the 152
空間的限定 →§4.1
具体物指示 →§5.4.1.1
厨川(訳)(1957) 32
グループ名 →§8.2.3
軍艦 167
群島 →§8.2.5
刑罰 94
形容詞 →§4.4.3
 the + 形容詞 →§8.3.4
 強意的形容詞 →§6
 所有格 + 形容詞 149n.
ゲーム名 →§2.6.3.1
劇場 →§8.7.2.3
研究所 →§8.7.2.4
検査法 96
限定
 空間の限定 →§4.1
 時間の限定 →§4.2
 数値による限定 →§4.4.1.1
限定的語句 →§4.4.3.4
兼任 183
兼用 183
高原 →§8.7.2.1
構成物 →§2.2
肯定 →§4.5
国民 →§8.2.4
個体 →§3
国家 →§8.2.5
国会 15
個別行為 →§5.4.2
個別事例 →§5
固有名詞 →§1.1, §8.7

誤用 16, 40, 42, 68

[さ行]

最上級 134, 135
作品 →§2.4
雑誌 →§8.7.2.5
砂漠 →§8.7.2.1
三項対立 155
三幅対 →§9.2.2
山脈 →§8.2.5
時間的限定 →§4.2
色彩語 →§4.4.3.2
指示
 具体物指示 →§5.4.1.1
施術 →§5.2
施設名 →§3.3
実施 96
ジャンル 88 →§2.4.
修飾語句 3, 4, 13, 67, 77, 81, 84, 107, 123, 131, 152, 179 → §8.1.1, §8.8
手術名 96
手段 →§3.2
主要部 154
準補語 →§3.1.1
賞 →§8.3.2.5
称号 →§1.2
症状 →§5.3
状態 →§5.4.3
情緒的語句 →§4.4.3.4
省略 →§9
 限定詞の省略 →§9
 構造的省略 →§9.3
省略的文体 →§9.5

食材 →§2.1
食事名 →§4.4.3.1
植物 →§2.3.1.1
処刑名 94
助数詞 →§4.4.1.3
序数詞 9, 48, 136, 165
所有格 149n., 156n., 162n.
人工衛星名 172
身体部位 →§8.5.2
新聞 →§8.7.2.5
人名 →§8.8
森林 →§8.7.2.1
数字 165, 168, 172 →§1.3
数値
　数値による限定 →§4.4.1.1
姿かたち →§2
精神活動 →§2.6.1.2, §5.4.3
聖典 →§8.3.2.2
製品 →§2.6.1.3
製品名 10n., 67, 68
施術 →§5.2
節
　that節 →§4.4.4
接続詞 →§9.1
前置詞句 →§4.4.1
前方照応 134n.
船名 →§8.7.1.8
創作物 →§2.6.1.3
総称用法 16 →§7.3, §8.6
属性 150
素材 28, 62, 73 →§2.2

[た行]

大学 →§8.7.2.4

対象
　感情・能力などの対象 →
　§4.4.1.2
大陸 →§8.2.5
対立
　三項対立 155
　二項対立 →§8.5.1
多義語 107
単位 →§8.3.2.6
チーム名 →§8.2.3
単数形 11, 92, 96, 101, 131, 140, 142n., 148
地点 →§8.3.2.1
地名 →§8.8
注 →§9.5.1
抽象概念 →§5
抽象名詞 →§2.6.3
治療法 →§5.2
対 →§9.2
通信手段 52 →§3.2.1.2
月着陸船 171
転移修飾 →§4.4.3.4
電車 →§8.7.2.2
天体 →§8.3.2.1
等位接続詞 →§9.1
同格 →§8.4.3
　同格句 135
　同格節 135
　同格不定詞 136
　同格語句 134, 154
同義
　一見同義表現 →§7.2
同定
　換喩的同定 →§8.4.1
　状況的同定 →§8.3

文脈内同定　→§8.1
同定可能　→§8
同定可能性　→§8.7.1
同定構文　→§5.4.1.2
動物園　→§8.7.2.4
動名詞　→§4.4.4
道路名　→§8.7.1.6
ト書き　→§9.5.1
図書館　→§8.7.2.4

[な行]

内容　→§5.4.4
におい　→§2.3
二項対立　→§8.5.1
二人称　12
年代　→§8.2.1
年齢　→§8.8.4
能力　→§3.4, §4.4.1.2.2
乗り物　171　→§3.2.1.1

[は行]

博物館　→§8.7.2.4
橋　→§8.7.1.7
場所
　　場所と場　56f.
バス　→§8.7.2.2
働き　→§3
発明品　→§8.6.3
発話　→§4.4.3.3
パブ　→§8.7.2.3
場面依存　→§8.3.1
範囲　38, 42　→§4
犯罪行為　→§5.1

犯罪名　→§5.1
半島　→§8.7.1.4
飛行機　171, 172
飛行場　16
表記法　16
否定　→§4.5
病院名　→§8.7.1.9
病名　→§5.3, §8.2.6
不可算名詞　1, 2, 3, 11, 40, 41,
　　101, 128
不可像名詞　4
複数形　11, 21, 24n., 30, 36, 39,
　　49, 54, 103, 130, 138, 195 →
　　§8.2.6
　a / an + adj + 複数形　→§6
　総称用法　→§7.3.2
複数構成物　→§8.2
副詞的用法　59, 188
部族　→§8.2.4
付帯の表現　→§9.4
符丁　136, 167, 180 →§1, 愛称
普通名詞化　→§2.6.2
物質集合名詞　31
物質名詞
　　普通名詞化　→§2.6.2
不定詞　→§4.4.4
船　→§8.7.1.8
プロトタイプ　151
文化的了解　134　→§8.4
分詞
　　the + 分詞　→§8.3.4
分詞構文　→§9.4.3
文体
　　省略的文体　→§9.5
文頭　→§9.3.2

索　引

ペア →§9.2
平原 →§8.2.5
並列 →§9.1.1
補語 →§3.1.1
補足的説明　196
ホテル →§8.7.2.3
褒めことば →§4.4.1.2.4

[ま行]

枕詞　179　→§4.4.1.2.4, §4.4.3.4
祭り →§8.3.2.4
岬 →§8.7.1.4
湖 →§8.7.1.1
見出し →§9.5.1
身分 →§3.1
民族 →§8.2.4
名詞
　　間投詞扱い →§9.3.2.4
名詞部　3
文字 →§1.3

[や，ら，わ行]

役割 →§3.1
唯一物 →§8.3.2
輸送手段 →§3.2.1.1
呼びかけ →§1.4
流行病 →§8.3.3
レストラン →§8.7.2.3
列挙 →§9.2.2
惑星名　14n., 145n.
湾 →§8.7.1.2

[英語]

a（前置詞）→§9.3.1
abduction　93
ability　30, 31, 86
abrasion　108
abstract　154
abundance　75
accompaniment　125
accused　149
ache　106
acknowledgement　124
action　84
advance to　45
advice →§2.6.3.3.1
affection　73f.
affinity　127
agony　71
agoraphobia　98
agreement　85, 86, 88, 89, 112
Aids　100
airport　16f.
Alexander the Great　153
allergy　103
ambition　86
Americas　141
anaesthetic　126
anathema　128
and →§9.1.1, §9.4.1
antipathy　91
apple　20
appointment　54
architecture　28
area　69
arrest　93

arthritis 99
as →§3.1.1
　譲歩 →§9.3.2.1
asbestosis 99
auction 110
autopsy 96
Avenue 136 →§8.7.1.6
banana 20
band
　in a / the band →§3.1.5
basketball 38
bass (guitar) 49, 51
battle 110
Bay →§8.7.1.2
Beach →§8.7.1.2
beauty 76, 131
become 51
beer 36
beginning 154
Belanglo 170
belief 85
Berry (1993) 55, 67, 97, 136, 137, 166
between →§9.2.1
Biard (1957) 32
Bible 146
bicycle(s) 52, 53, 131
biography 26
blame 89
bloom 60
blue 79
blues 142
bone 35
both →§9.2.1
bottle 75

breakfast 78
brick 23
bridge →§8.7.1.7
broccoli 32
bronchitis 99
bucket and spade 122
burglary 93
bus 44, 52
business 125
by →§3.1.1, §3.2.1
　by 以外の前置詞 53, 55
cabbage 20, 32
Caesarean 95
camel 129
camp 110
campus 56
cancer 104, 143
capacity 72
Cape Horn 10, 164
cards 39
carjacking 94
carpet 29
cataract 101
catch 38
cauliflower 32, 33
celery 32
Champs Élysées 166
chapel 56
charades 39
charge 93
checkers 39
cheek 125
cheerfulness 85
cheetah 129
chicken 21

church 56
Cinema →§8.7.2.3
clap 148
clarinet 50
claustrophobia 98
Clinic →§8.7.1.9
Coast →§8.7.1.2
cocktail 37, 126
coffee 36
coin 113
cold 105
College →§8.7.2.4
comedy 26
condition 72f., 102, 168
Congress 15
consensus 125
conversation 126
convict 93
convulsion 143
court 56
crab 22
cradle 60
cramp 102
cream 37
Creek →§8.7.1.3
cup and saucer 122
custom 112
day 65, 66
democracy 113
demote to 45
depth 69, 76
desert 63
determination 83
diet 79
Diet 15

dinner 79
director 44
dog 130
drama 26
DTs 142
Eagle 171
earache 105
earth 14n., 145
Eiger 164
end 154
engagement 125
enough →§3.1.3
estimated 115f.
eternity 65
Everest 164
evidence →§2.6.3.3.2
execution 94
extra 116
fact →§9.3.2.2
failure 99
fall 58
fallacy 85
famine 111
fashion 109
fate 113
fax 53
fax machine 158
fear 71
few 90
fiction 27
fire 113f., 127
fish 22, 25
flesh 154
flu 148f.
flute 158

football   38
forgery   108
fortune   113
fright   112
furniture   31
gallon   148
gallows   120
garlic   32
gift   72
gin and tonic   121
ginger   32
Ginza   166
glass   35, 75
gloom   128
goodbye   80, 81
Google   41
gown   29
grave   60
gray   79f.
Great Plains   141
green   80
ground   63
grunt   82
guitar   49, 158
  acoustic guitar   50
  bass (guitar)   51
Gulf   →§8.7.1.2
Gulf Coast   161
half   →§3.1.3
hand   60
  microphone in (his) hand   →§9.4.2
hanging   94
hangover   101
harbor   57

Head   →§8.7.1.4
heart failure   99
Heaton and Turton (1987)   175n.
heir   45
hello   80, 82
help   109
hernia   101
hiccups   142f.
Himalayas   141
hockey   38
horn   23
hospital   56 →§8.7.1.9
hostage   46
Hotel   →§8.7.2.3
hour   65
house   29, 55f.
humiliation   87
hydrophobia   98
identity   73
importance   30, 31
improvement   114
impulse   128
influenza   11, 107
information   88 →§2.6.3.3.3
inlay   127
insomnia   98
Institution   →§8.7.2.4
insurance   89
intellect   31
invention   87f.
inversion   125
iron   35f.
jam   67
Japanese islands   141

job →§3.1.2
kidney failure 99
kindness 2f.
knowledge 76
Koran 146
Lake →§8.7.1.1
leek 25
lemon 2, 25, 28, 29
length 69, 70, 75
Library →§8.7.2.4
lieutenant 46
Liner →§8.7.2.2
lion 128, 129, 130
little 90
love 71, 74
luck 113
lunch 78
Mall 166
man 129
Marburg virus 16
market 59
Mars 145n.
massage 95
meal 79
measles 101, 143
MEG 30
memory 70
meow 81
military 149
Missouri 162
moon 146
more →§3.1.3
mouth 47
mug 60
mumps 143

murmur 82
muscle 35
Museum →§8.7.2.4
need 73
neither A nor B →§9.2.1
news 88 →§2.6.3.3.3
night 66
Nobel Prize 147
nose 47
novel 27
oboe 50
Ocean →§8.7.1.1
of-phrase 30, 31, 75, 137, 175, 177, 178
onion 20, 25
only 135
or 188 →§9.1.2
orbit 111
oscillation 92
osteoporosis 99
painting 28
Parliament 15
part →§3.1.3
Pearly Gates 144
peculiar 82
pen 150
penance 125
pencil 36
peninsula →§8.7.1.4
per →§9.3.1
Persian Gulf 161
phobia 98
phone 53
piano 50, 158
pie 36

piece →§2.5
pinstripe 127
pipe 62
plagiarism 108
play 38, 49, 158 →§3.1.4, §3.1.5, §8.4.2.1, §8.6.2
plebiscite 127
pneumonia 98, 107
Point →§8.7.1.4
polypectomy 96
position →§3.1.2
poverty 90
prejudice 74
preservative 67
priest 127
privilege 86f.
problem →§9.3.2.2
professor 46
promote to 45
proof 40
protest 126
punishment 95
Quirk et al. (1985) 59
rank →§3.1.2
referee 127
Restaurant →§8.7.2.3
room 64
rope 62, 127
rupture 101
Sahara 170
same 135 →§9.3.2.3
San Francisco Bay 161
satellite 53
saxophone 50
scent 24

sculpture 28
season 66
seizure 143
service 126
Shakespeare →§8.4.2.3
shelter 57
Shinkansen 171
shortage 90
silicosis 99
Silk Road 165
site 59
sky 64
slice →§2.5
smallpox 101
smell 24, 57
sniffles 143
soda water 37
song 27
sound 54
speed 61
spin 126
spring 58
stalemate 126
stammer 81
stigma 125
stone 23
strain 87
Strand 166
Street →§8.7.1.6
strength 77
study →§3.1.5
subsidence 126
substance 126
Suez Canal 163
summer 58

sun 145
supper 78
surgery 97
Swan (1980) 150
Swan (1995) 97, 106
sword 150
syndrome 100
tag 8
talent 72
tennis 38
thank(-)you 80f., 82
that (譲歩) →§9.3.2.1
Theater →§8.7.2.3
theory 112
thread 62f.
Tibetan Plateau 170
timber 35
time 65
time and place 122
tomato 1, 4, 19
toothache 106
track 59
transistor 158
trim 127
trouble →§9.3.2.2
truck 52

turkey 22, 24
turn →§3.1.6
TV 159
typcical →§8.4.2.2
type →§2.5
unease 83
University →§8.7.2.4
value 30
victim 45f.
videocassette recorder 158
violin 158
volleyball 38
war 54
warning 89
wealth 75f.
weather →§2.6.3.3.4
weedkiller 68
week 65f.
wheel 150
whisky and soda 121
wine 67
with 31 →§9.4
woman 129f.
word 88
year 66
Zoo →§8.7.2.4

樋口　昌幸　（ひぐち　まさゆき）

1947年，広島県尾道市に生まれる。1974年，広島大学大学院文学研究科博士課程単位修得退学。現在，広島大学名誉教授。博士（英語学）。

編著書：『言語学・英語学小事典』(共著, 北星堂書店, 1990), 『英文法小事典』(共著, 北星堂書店, 1991), *Studies in Chaucer's English* (英潮社, 1996), 『英語論文表現事典』(共著, 北星堂書店, 1999), 『例解 現代英語冠詞事典』(大修館書店, 2003), 『英語の冠詞――歴史から探る本質』(広島大学出版会, 2009), 『英語辞典活用ガイド―辞書の情報を読み取るための必須知識』(開拓社, 2012)。

訳書：『現代意味論』(共訳, 研究社出版, 1977), 『チョーサー 哲学の慰め』(渓水社, 1991), 『MLA英語論文の手引』(第6版, 北星堂書店, 2005)。

英語の冠詞
──その使い方の原理を探る──　　　〈開拓社 言語・文化選書 12〉

2009年6月17日　第1版第1刷発行	
2013年7月25日　　　　　第2刷発行	
著作者　　樋口昌幸	
発行者　　武村哲司	
印刷所　　日之出印刷株式会社	
発行所　　株式会社　開拓社	〒113-0023　東京都文京区向丘1-5-2 電話　(03) 5842-8900 (代表) 振替　00160-8-39587 http://www.kaitakusha.co.jp

© 2009 Masayuki Higuchi　　　　　　　　　ISBN978-4-7589-2512-9　C1382

R〈日本複製権センター委託出版物〉
本書(誌)を無断で複写複製(コピー)することは，著作権法上の例外を除き，禁じられています。コピーされる場合は，事前に日本複製権センター(JRRC)の許諾を受けてください。
JRRC〈http://www.jrrc.or.jp　eメール: jrrc_info@jrrc.or.jp　電話: 03-3401-2382〉